Ismael

LÁZARO FELIPE GARCÍA FONSECA

TABLA DE CONTENIDO

CAPÍTULO 1

LA FUGA

Dedico esta historia a mis nietos Carlos Manuel Garcia y Sara Garcia

La historia émula del tiempo, depósito de las acciones, testigo de lo pasado, ejemplo y quizás de lo presente, advertencia de lo porvenir.

Cómo sabe el cielo sacar de las mejores adversidades nuestros mayores provechos.

Miguel Cervantes Saavedra

Ismael caminó a prisa hacia la puerta de la muralla que protegía a la ciudad de San Cristóbal de la Habana - la ciudad fundada por el conquistador español Diego Velázquez de Cuéllar en el año de 1519.

Ismael caminó a prisa hacia la puerta de la muralla que protegía a la ciudad, la puerta que tenía la muralla frente al castillo de la Punta y el monumento en honor a los estudiantes de medicinas fusilados por el colonialista español en 1871, la puerta donde se comienza el Paseo del Prado y la calle de San Lázaro, Ismael nota una actitud anormal porque la gente entraba apresuradamente en la ciudad.

Ismael había planeado ir a pedirle asilo al Padre Ramón, sacerdote en la catedral de la ciudad, él tenía la esperanza que el sacerdote amigo de su familia le prestara ayuda, después que él le explicara con detalles las razones por las cuales él había escapado de la hacienda El Paraíso situado en la periferia de la ciudad en la altura de Jesús del Monte.

Ismael entró en la ciudad y con paso rápido fue directo a la catedral, tocó con fuerza en la puerta de la sacristía, la puerta se abrió y ante Ismael un sacristán Julio le preguntó.

- Cuál es el motivo de su visita hermano.
- Ismael no perdió tiempo y le preguntó a Julio.
- Está el padre Ramón en la iglesia.
- Si está - le contestó el sacristán e Ismael le contestó.
- Deseo ver al padre Ramón - Julio el sacristán le contesto con un gesto de mano en que lo invitaba a pasar dentro de la sacristía, no tuvo que esperar mucho Ismael, porque en menos de cinco minutos estaba frente a él un hombre de unos cincuenta años de edad, alto y grueso vestido con una sotana y con cara de buena persona, que dirigiéndose con familiaridad al muchacho.
- Qué sorpresa tu visita Ismael, ya yo tenía pensado hacerles la visita yo a ustedes en la hacienda, para recordarles que el domingo se celebra misa aquí en la catedral - Ismael comprendió el mensaje del padre Ramón y le contesto.

- Sí, padre Ramón, eso yo lo sé, pero recuerda que nosotros no vivimos en la ciudad, que nosotros vivimos lejos y además hemos tenido mucho trabajo - el padre Ramón con una sonrisa le contesto.
- Ismael, yo bien sé lo lejos que ustedes viven, y que están en plena cosecha del tabaco, pero también sé que el pretexto termina con los culpables - y agregó - pero dime en fin cuál es el motivo de tu visita - Ismael no dudo y anduvo con muchos rodeos y le respondió al sacerdote Ramón.
- Padre, vengo a ofrecerme para trabajar aquí con usted - Ramón miró al muchacho, puede que algo sorprendido y le dijo.
- Pero para que eso se pueda lograr, debe venir primero tu padre Don Felipe Fonseca, él debe de dar su autorización, recuerda que aunque tu padre es Don Felipe, tu madre Julia es esclava, por tanto, tú eres esclavo también hasta que Don Felipe determine otra cosa y te emancipe, pero además yo creo que has venido en un mal momento.
- En un mal momento porque el padre Ramón - le preguntó Ismael al sacerdote, y este no tardó en responderle.
- Está a la vista de la ciudad una gran escuadra inglesa que de seguro trae la intención de atacarnos, y las autoridades están muy alarmadas, y se ha constituido una junta de defensa al frente de la cual está el gobernador Don Porto carrero, tu Ismael tiene que regresar a tu hacienda con tus padres y hablar con él y decirle que venga aquí a hablar conmigo para que te dé el permiso, yo creo que Don Felipe como buen católico no tengo ninguna objeción en que tú sirvas a la fe.

Ismael bien sabía que él no quería ni podía regresar a la hacienda, pero recordó que al entrar a la ciudad las puertas de la muralla habían sido cerradas, y le dijo al sacerdote.

- Está bien padre Ramón, voy a obedecer su orden y voy a regresar a la hacienda a hablar con mi amo Don Felipe- el cura miró a Ismael con severidad y le dijo.

- Tu amo y tu padre.

- Más amo que padre - le respondió Ismael, después le beso la mano al sacerdote y salió de la iglesia, el muchacho dio varias vueltas por la ciudad, que estaba en todo movimiento, porque la gente corría de un lado a otro, asustada ante la amenaza del ataque inglés, Ismael regreso a la sacristía y le pidió de nuevo a Julio ver al padre Ramón, ya Ismael había preparado su coartada.

- Padre, no he podido regresar a la hacienda a hablar con mi amo, como usted me pidió por qué las puertas de la muralla están cerradas - el cura miró al muchacho con cariño y comprendió válida su razón y le dijo.

- En este caso te vas a tener que quedar aquí en la sacristía bajo mi custodia, ven para decirte donde vas a dormir - el padre Ramón le hizo un gesto de mano a Ismael para que lo acompañara y salió rumbo a una habitación, el cura preguntó a su visitante.

- Qué edad tienes ya Ismael.

- Ya tengo 20 años padre - le contestó Ismael.

- Y tu madre Julia, qué edad tiene ella - volvió a preguntar el cura.

- Mi madre cumplió el día 31 de mayo, 37 años de edad - le contestó Ismael.

- Es también muy joven tu madre, le dijo el cura.

- Si padre Ramón, mi amo la embarazó de mí a los 16 años de edad, antes que Dona Estrella Morera - mi padre, el amo Felipe, es 33 años mayor que mi madre - el cura sin sacar el dedo del renglón volvió a preguntar.

- Y tu madre vive en el batey junto al resto de la dotación.

- No padre, mi madre, mi abuelo Francisco y yo vivimos en una casa que el amo Don Felipe mandó a construir cerca de la casa grande - el padre Ramón meditó por unos minutos y le dijo a Ismael.

- De seguro, la casa que le mandó construir Don Felipe a ustedes es muy grande, cómoda y espaciosa, porque de todos es conocido que tu padre es un hombre muy caritativo y muy espléndido.

- Si mi padre usted tiene mucha razón en decir que mi amo Don Felipe es muy caritativo y espléndido y sobre todo en la iglesia que lo respalda en todo lo que hace, pero además mi amo es también muy tirano y arrogante y sobre todo muy celoso con mi madre - el cura reflexiona y le contesta a Ismael.

- - Si claro es muy normal.

- Si claro padre Ramón, que sea una cosa muy normal dada a la gran diferencia de edad que hay entre ellos - le contesta Ismael - el cura no respondió, habían llegado a una pequeña pieza con una pequeña cama

Ahora, en lo que Ismael se instala en la habitación donde lo ha llevado el padre Ramón, debemos darle al querido lector una explicación en tiempo y espacio del presente primero y del hecho después de lo que ocurra en la ciudad de San Cristóbal de la Habana en aquel verano de 1762.

CAPÍTULO 2

UN POCO DE HISTORIA

En el siglo XVII el mar Caribe fue un campo de batalla de las potencias Europeas, España había llegado primero al Mar Caribe y había tomado posesión de ser esta desde Trinidad hasta Cuba y los ingleses se tenían que conformar con contrabandear con las colonias españolas.

Pero Inglaterra no se conformó con este estado de cosas e infectó el Mar Caribe con corsarios y contrabandistas, España contraatacó y en menos de dos años capturó a más de 50 buques ingleses.

Francia e Inglaterra están en guerra en el año de 1759, los dos países pretenden el apoyo de España que está bajo el reinado de Carlos III, el rey español decide apoyar a la monarquía francesa y firma con ella el llamado Pacto de Familia, los ingleses cuentan con buenos espías y descubre la alianza y en el año de 1762 declaran la guerra a Inglaterra siempre ha ambicionado a Cuba y el puerto de la Ciudad de San Cristóbal de la Habana es su primer blanco desde donde tienen planes de conquistar el resto de la Isla, pero España también tiene planes, de que si la Habana llegara a caer en manos inglesas trasladar el gobierno de Cuba a la Ciudad de Santiago de Cuba a la ciudad de Santiago de Cuba en el Oriente de la Isla.

El plan de campaña del ataque a la Habana ha comenzado desde mucho antes porque el servicio de inteligencia del almirantazgo Inglés ha mandado a la Habana un espía disfrazado de turista, el almirante Charle Knowlis, este espía estudia la fotografía de la zona y las defensas de la ciudad, la muralla el Castillo de la Fuerza y del Morro y los terrenos de la Chorrera y Cojímar al este y la chorrera en la desembocadura del Río Almendares al oeste de la Ciudad.

En el informe al almirantazgo, el almirante espía señala que era imposible tomar la Ciudad entrando por la boca de la Bahía y aconseja un desembarco por el Este de la Ciudad por las playas de Cojimar o Bacuranao y después ocupar las llamadas costeras de la Cabaña y desde allí bombardear el Castillo del Morro y la Ciudad.

El almirantazgo inglés aprobó este plan aunque no lo siguió al pie de la letra, grave error que cometió Inglaterra declaró la guerra a España el 4 de enero de 1762, pero los españoles esperan al 16 de enero para romper las hostilidades con los ingleses los que toman la iniciativa y Sir Jorge Paceck al mando de una escuadra zarpa el 5 de marzo de 1762 del Puerto de Portsmouth, junto a él va Lor Parques un hombre que confía en los consejos del espía Charles Knowles, los españoles supieron de la visita de Charles Knowles, pero no le dieron importancia.

El jefe naval de la expedición es Sir George Pacek un marinero muy experimentado y el segundo jefe naval lo es el comodoro Keppel este es tan experimentado en el arte de la guerra como Sir Jorge Paceck.

Pero el jefe supremo de la expedición lo es el Conde de Albermales que tiene la posición no por su capacidad como militar, ni por ser un protegido del Duque de Cumberland que a la vez lo es el rey de Inglaterra, el conde de Albemarle se hace acompañar por un militar capacitado y de probado valor el general Jorge Elliot.

Los Ingleses creen necesario reforzar la expedición de Pacek y Albernales, y el gobernador de las colonias del norte América recibe la orden de poner sus fuerzas a disposición de Pacek Albernales.
En la mañana del 1 de junio de 1762 la expedición de Pacek y Albemarles se presenta frente a la Habana, los habaneros ven en el horizonte 150 velas inglesas que transportan un poderoso ejército de diez mil hombres, junto con los barcos de transporte viene también 50 galeones de guerra con más de dos mil cañones.

Como las comunicaciones de la época eran tan poco eficientes, el Gobernador General Español en Cuba, Don Porto carrero, no ha sabido que España e Inglaterra está en guerra.

CAPÍTULO 3

INGLESES EN EL HORIZONTE

Después de este oportuno resumen de historia, debemos volver a la Catedral de la Habana para ver que decide Ismael, si quedarse encerrado dentro de la Catedral como se lo ha ordenado el padre Ramón, o salir a la Ciudad, es imposible de creer que un joven de 20 años heredero de la hidalguía española con un linaje de guerreros y de la, rebeldía del negro Lúcuma, se quede escondido dentro de una iglesia y no se decida a defender la tierra que lo vio nacer su linaje y su fe.

Tan pronto el cura lo dejó solo, Ismael habló con el sacristán que lo había recibido Julio Ramos Fernández, un criollo, Ismael se dirigió a Julio con una pregunta.

- Sabes lo que está pasando en realidad en la ciudad.
- Solo sé lo que me ha dicho el padre Ramón, que la Habana está amenazada por una flota inglesa, pero tengo que salir a comprar víveres, si quieres me puedes acompañar y nos enteramos.

- Claro que voy a ir contigo, que no saber lo que está pasando - le contestó Ismael.
- Te voy a llevar conmigo a expensas de recibir un regaño del padre Ramón - le contesta Julio.
- No te preocupes que nadie se va a enterar - le contestó Ismael

Los dos jóvenes salieron por una puerta lateral de la iglesia, cruzaron la plaza llena de gente que corrían confundidos y temerosos, todos tenemos miedo, la diferencia es que los valientes lo saben controlar, los cobardes no.

Ismael y Julio con la energía de su edad corrieron la plaza y llegaron al Callejón del Chorro en busca de un carretón cargado de viandas, lo vieron al final del callejón y se dirigieron a él, pero un grito detuvo a Julio.

- Su mercé niño Julio por favor espere - el joven se detuvo y ve detrás de él a un negro que él conoce muy bien, Julio se dirigió a él.
- Francisco, qué haces aquí.
- Te ando buscando, fui a la sacristía y allí me dijeron que habías salido de compras y vine por ti.
- Que pasa Francisco le ha pasado algo a mi novia o a alguno de la familia - le pregunta Julio a Francisco visiblemente preocupado.
- No niño todavía no le ha pasado nada a nadie, pero su suegro Don Benito, mi amo, va a mandar a la señora Teresa y a sus hermanas Leticia y Laura y a los niños Mérida, Mirtha y Mirian a su finca de Batabanó.
- Y porque Don Benito va a hacer eso - le preguntó Julio a Francisco.
- Niño, el gobierno ha dado la orden de sacar de la ciudad a las mujeres y a los niños, hay temor que los ingleses bombardeen la ciudad - le contestó el esclavo.

- Y quienes van a Batabanó además del fa familia - le preguntó Julio a Francisca - y agrego otra pregunta.

CAPÍTULO 4

RUMBO SUR

.

- Y no van a llevar ningún esclavo o esclava con ellos.
- Claro, niño Julio que van a ir esclavos con ellos, y entre ellos van Pancha, Facundo, Traquilino y yo.
- Y los demás negros de la dotación.
- Usted sabe niño Julio que su suegro, el amo Don Benito, es capitán de milicias, y él se va a incorporar a la defensa de la ciudad y va a llevar con él a pelear a todos sus esclavos.
- Pero Don Benito va a perder mucho dinero si sus esclavos mueren en la batalla.
- Niño Julio, de todas maneras los va a perder, pues el gobierno ha prometido darle la libertad a todos los negros que luchen en la defensa de la ciudad, además mi amo, aunque criollo, se siente también muy español.
- Bueno Francisco y cuál es el mensaje que me traes de mi novia - le preguntó Julio al esclavo...
- No es de su novia niño Julio, es de Dona Teresa, de quien le traigo la razón.

- Y cuál razón es esa
- La señora Teresa quiere que usted los acompañe a la finca Paso Redondo, en Batabanó, para que usted las proteja.
- Pero yo soy sacristán, yo no soy un guerrero - le respondió Julio al negro, Ismael vio su situación resuelta por el momento, y dirigiéndose a su nuevo amigo le dijo.
- Tú no sabes, pero yo si sé, yo manejo la espada y con el mosquete y la pistola, soy muy bueno, tengo muy buena puntería.
- Quien es él, niño Julio - le pregunta el negro Francisco - Ismael, sin dejar a Julio reaccionar, fue el quién le contesta al negro.
- Yo soy amigo de Julio, yo también soy sacristán, y me brindo para ir con él a proteger a la familia de Don Benito.
- No podemos perder tiempo, niños, ya la caravana de carretas donde va a ir la familia de tu novia debe de estar por salir - de nuevo Ismael decidió tomar acción y le dijo a Julio.
- Tenemos que salir ahora mismo, si regresamos a la iglesia a pedir permiso es posible que el padre Ramón nos lo niegue - Francisco comprendió que debía apoyar a Ismael y le dijo a Julio.
- Niño Julio, su amigo, tiene razón, debemos salir ahora mismo, si no lo hacemos no llegaremos a tiempo antes de que cierren la puerta de la muralla por donde va a salir la caravana - Julio se ve atrapado entre disciplina y su amor y decide por la segunda.
- En que tú has venido, Francisco le pregunta Julio al esclavo y este le contesta.
- En la calesa de la familia niño Julio.
- Pues vamos, no podemos perder tiempo - le dijo Julio quitándose el blusón de sacristán y agrego.
- Dios me va a comprender - el trío abordó la calesa y con la habilidad de Francisco sobre los caballos salieron a todo galope, Julio a proteger a su novia y familia, e Ismael a su nuevo destino,

la calesa corría por las estrechas calles empedradas de la Habana Vieja hacia el barrio de San Isidro a recoger a la familia de Don Benito Moreno.

- Al llegar a la casa ya todas las mujeres estaban listas para partir, y ya Don Benito se había incorporado a su batallón, Dona Teresa fue al encuentro de la calesa y dirigiéndose a Julio le dijo.
- Gracias por venir, te estamos esperando - despúes miró a Ismael y le preguntó a Julio.
- Y quién es este joven que viene contigo.
- Ismael de nuevo no dejó que fuera Julio el que respondiera y tomando la palabra le dijo.
- Yo me llamo Ismael Fonseca y soy como lo es Julio sacristán en la catedral bajo la dirección del padre Ramón - el muchacho había dicho dos mentiras, primero tomando un apellido que aún no le pertenecía, aunque sí de hecho no de derecho y también había mentido en decir que era sacristán, Julio no lo contradijo y como el que calla otorga todo quedó como Ismael había dicho.

Dona Teresa miró por la ventana de la casa en el piso alto, y le dijo a una negra que estaba con ella.

- Ramona dile a mis hermanas y a mis hijas que bajen, que ya llegó Julio y nos vamos ya - frente a la casa habían parqueado tres carros tirados por dos mulas cada uno, Teresa volvió a tomar la palabra y dijo.
- Vamos a acomodarnos, aquí en el camino podemos comprar un par de caballos para Julio y su amigo.
- Me llamo Ismael, señora - le contestó el muchacho.
- Bueno Ismael, eso es - termino diciendo la señora Dona Teresa, Ismael y Julio ya habían empezado a acomodar los bultos sobre las carretas, y dirigidos por el negro Francisco; y las mujeres habían empezado a salir de la casa.

Ahora el que cuenta la historia debe hacer una descripción de la apariencia física de los integrantes de la caravana, donde la familia del hacendado y capitán de milicia Don Benito Moreno se dirigía a su hacienda en el pueblo de Batabanó en la costa sur de la Isla de Cuba, comenzaremos por Ismael el principal personaje de nuestra historia.

El criollo Ismael hijo de un hacendado y una esclava, era un mulato casi blanco al estilo de Secilia Valdez la bella mulata de la novela costumbrista del gran Cirilo Villa verde, Ismael tenía el pelo rizado, un pelo no pasa, solo en sus labios gruesos se reflejaba la herencia negra, pero lejos de afear su rostro lo hacía más atractivo grandes ojos negros y nariz fina, se puede decir que Ismael está de cara-agraciada, tenía Ismael una estatura normal, pues media 5 pies y 8 pulgadas de alto y su cuerpo era todo músculo, en término general se puede decir que lucia bien.
Su amigo Julio era muy alto, de pelo rojo como el azafrán y de cara también agradable, muy delgado pero también musculoso.

El negro Francisco era un gigante de ébano de más de seis pies de alto y de 280 libras de peso corporal, tenía la estampa de un oso o mejor dicho de un gorila.

El otro negro que acompañaba la caravana era Traquilino, un negro delgado y que ya pasaba los 60 años con el pelo todo cano, era un personaje muy respetado por todos los esclavos porque era ebakua.

Facundo, un negro joven, alto y fuerte, de muy buen carácter, siempre alegre, era negro como el carbón casi azula caravana se organizó de esta manera, en una carreta conducida por el negro calesero

Francisco, irían las mujeres blancas, Dona Teresa y sus hermanas Laura y Leticia, y sus hijas Mirian, Mirta y Mérida acompañadas de Julio en la primera parte del viaje.

La segunda carreta llevaría a los esclavos Pancha, Ramona, Blanca y era acompañada por Ismael, y la tercera llevaría la carreta conducida por Traquilino, llevaría a Facundo y la impedimenta.

Las tres carretas se encaminaron por las calles adoquinadas de la ciudad dentro de las murallas frente al castillo de la punta, la puerta había sido abierta para poder cumplir la orden del gobierno de evacuar de la ciudad a los niños y a las mujeres.

Ya fuera de la ciudad, la caravana tomó rumbo sur oeste hacia las alturas de Jesús del Monte, y desde allí tomar un camino real rumbo sur, pasando por el pequeño poblado de Managua y finalizar el viaje en Batabanó en la hacienda Pasó Redondo, propiedad de Don Benito Moreno, pero Batabanó estaba lejos a 50 kilómetros y por un camino lleno de peligros, y antes de llegar podrían pasar muchas cosas.

CAPÍTULO 5

EMPIEZA LA BATALLA

Ahora en lo que la caravana que lleva a la familia del capitán de milicia y hacendado criollo Benito Moreno a su finca de Paso Redondo, como ya se ha dicho cerca del poblado de Batabanó en la costa sur de la actual provincia de La Habana, nosotros vamos a ver como ha dado comienzo la batalla.

El gobernador Don Porto carrero solo cuenta con tres mil soldados y marinos y una milicia de 5 000 hombres y 600 negros esclavos que se han presentado buscando su libertad.

Siguiendo la recomendación del almirante espía Charles Knowles Albemarle decide desembarcar tropas por el Este, toma con facilidad la playa de Bacuranao y avanza sobre el torreón de Cojimar que es cañoneada desde tierra y desde el mar bajo fuerte bombardeo el jefe español de la plaza el coronel caro cree oportuno abandonar la plaza y él y sus 400 hombres se retiran hacia la Villa de Guanabacoa, Cojimar y Bacuranao caen en manos inglesas sin lamentar bajas.

El incompetente conde de Albemarle no aprovecha la victoria de Cojimar y no marcha sobre las alturas de la Cabaña defendida por una pequeña tropa, porque considera que desde el Morro se puede bombardear con facilidad las alturas de la Cabaña, sin calcular que desde la Cabaña también se puede bombardear el Morro e incluso la ciudad.

Los ingleses dueños de las aguas que rodean a la Habana cañonean desde los barcos el Castillo del Morro y sus alrededores, el almirante Knowles lo ha emprendido a cañonazos con la fortaleza del Morro, fortaleza ordenada construir en el año de 1590 por el rey Felipe II y terminada 40 años después en 1630.

Elbist ha logrado tomar pese al heroísmo de sus defensores la población de Guanabacoa nombre que en lengua ciboney significa LUGAR DE AGUA, Guanabacoa la famosa Villa del alcalde José Antonio Gómez, el legendario Pepe Antonio.

El día 11 Albemarle reflexiona sobre su error de ignorar la importancia estratégica de las alturas de la Cabaña y ordena un simulacro de desembarco al este de la Habana y el coronel inglés Leslie Ton aprovecha para atacar los pocos hombres que defienden la estratégica altura y logra vencerlos y toma posición.

Pero Albemarle sigue perdiendo la oportunidad de emplazar artillería pesada y desde allí bombardean el Morro por tierra, ya que el castillo es bombardeado por mar, la fortaleza del Morro es defendida con heroísmo por el capitán de navío Don Luis de Velasco, es arriesgado hablar de heroísmo después de conocer el desempeño de este capitán español en la defensa de la fortaleza del Morro.

Ahora vamos a dejar al comodoro Kippel borbandeando el Morro y a Don Luis de Velasco defendiéndola, y Albemarle tomando malas decisiones y volvamos a la Caravana que avanza hacia el Sur.

El convoy había superado las alturas de Jesús del Monte, el gigantesco negro Francisco que era él, guía, sintió el calor sofocante del verano tropical y decidió hacer noche, desenganchó los caballos, amarro unos toldos entre las carretas y bajo ellas las mujeres sobre colchonetas y los hombres a suelo pelado trataron de dormir, por supuesto que Dona Teresa auxiliada por sus hermanas vigilaban a las niñas y en especial a Mirta, porque ya lo dice la poesía, que no está libre de faltar quien no está de tentaciones.

CAPÍTULO 6

UNA SORPRESA DESAGRADABLE

La negra Pancha había calentado un arroz con pollo que había traído, y la repartió, claro, dándole las mejores postas a las damas blancas, y el resto a los negros, como le había dicho el padre Ramón a Ismael cuando el muchacho le contó los celos de su padre el hacendado Felipe con su madre la esclava Julia que era 33 años menor que él.

- Es algo normal.
- Ismael que había tomado muy en serio su cargo como jefe de seguridad de la caravana distribuir las armas que le había dado Dona Teresa, armas propiedad de su esposo Don Benito que como capitán de milicia las poseía, tres pistolas un mosquete y tres sables, Ismael distribuye las armas entre Francisco, Traquilino y Facundo, después comisiona a Francisco y a Traquilino para que hicieran la primera guardia hasta la media noche, y a Facundo y Julio de doce a tres AM, y el resto de la noche la hizo Ismael, como había tenido un día tan intenso, el cansancio los venció a todos y después de una cena y una breve charla de sobremesa todos

menos los guardias dormían y soñaban, Julio con su novia Mirta e Ismael con Mérida, Julio con su novia Mirta e Ismael con Mérida, y puede que ella sonará también con él, como yo he omitido darle la descripción física de los niños Moreno, ahora voy a tratar de decir algo sobre ellos, por orden de edad de menor a mayor, la niña Mirta la novia del criollo y sacristán Julio, la niña Mirta era de piel blanca y pelo muy negro y ojos negros como el carbón, media cinco pies y cuatro pulgadas y pesaba 120 libras, su cuerpo era delgado, pero bien formado y sus facciones de una belleza impresionante, la niña Mérida tenía más o menos la misma altura que su hermana Mirian, pesaba unas 140 libras muy bien distribuida, con senos pequeños y piernas gordas, caderas anchas y voluminosa lo demás, la niña Mirta ya no tan niña porque tenía ya 25 años de edad, contrastaba con sus hermanas porque había hererado la corpulencia de su señor padre, media Mirta cinco pies y nueve pulgadas y unas 190 libras de peso, Mirta como toda joven sonaba con casarce con un apuesto joven, pero al momento de la historia no había tenido ni pretendiente, puede que de cierto modo envidiara a sus hermanas en particular a Mirian

Ismael tan pronto amaneció, prendió fuego con una piedra pedernal y color café, despertó a los hombres de la caravana y entre todos engancharon los caballos, las damas blancas poco a poco se fueron acomodando en sus lugares, en la carreta y despúes la caravana volvió a tomar rumbo sur por el camino real.
Sobre el mediodía pasaron por el pueblo o poblado de Managua, donde ya la gente sabía lo que estaba ocurriendo en la Ciudad de San Cristóbal de la Habana, y un grupo de hombres armados se alistaban para ir a la Habana a combatir al invasor inglés en defensa de su tierra, su raza y su fe.

Doña Teresa compró dos buenos caballos y una mula, uno de los caballos para Julio y el otro para Ismael, y la mula para el esclavo Facundo.

Con las armas a la vista, los dos jóvenes se pusieron a la cabeza de la caravana, detrás de ellos la carreta guiada por Francisco con las mujeres blancas, la segunda con las negras y la tercera carreta con la impedimenta guiada por Traquilino, y Facundo cerraba la caravana en la mula.

Después de marchar un rato, Ismael pega su caballo a la carreta guiada por Francisco y en voz baja para que nadie los escucharan y no sembrar el pánico entre las mujeres le dijo al negro.

- Creo que alguien nos viene siguiendo.
- Viste algo - le preguntó Francisco.
- Si creo haber visto negros que nos vigilan desde dentro de la manigua.
- Negros sueltos por aquí solo pueden ser negros cimarrones - le contesto Francisco, Ismael con tono preocupado le dijo.
- Tenemos que estar alerta - el negro Francisco le contesta.
- No te preocupes.
- Temes que nos ataquen? - le pregunta Ismael, Francisco meditó la respuesta y al fin le contestó.
- Puede que nos traten de robar comida, pero que nos ataquen no lo creo, pero tranquilo niño, yo tengo manera de comunicarme con ellos, puede que esta situación lejos de causarnos problemas nos pueda ayudar, no te olvides que yo también soy negro y tengo mi jerarquía y mi linaje entre mi raza.

- Está bien Francisco, pero de todas maneras hay que estar muy alerta.
- Está bien niño Ismael, estemos alerta, pero de ninguna manera les dispares - le dijo Francisco, - la caravana siguió rumbo sur y cayó la noche, Francisco decidió acampar, de nuevo las carretas se detuvieron, Francisco con gesto de mano llamó a Ismael que espoleó su caballo y fue junto a él, Francisco le dijo a Ismael.
- Si tienes razón nos vienen siguiendo un grupo de cimarrones, pero no te preocupes yo conozco al líder, es escobio mío, ahora vamos a acampar para que se nos acerquen y yo pueda hablar con el negro Andrés que es el jefe de la partida, le vamos a dar algo de comer, unas libras de tabaco y unas botellas de aguardiente y yo estoy seguro de que lejos de darnos problemas nos van a servir de ayuda, recuerde usted mi merced que ellos están ahora en la situación que nosotros estamos ahora, ellos han sido insumisos de sus amos como nosotros somos ahora de los ingleses.
- Está bien Francisco, si usted dice eso es que así debe ser, yo voy a confiar en usted y ahora vamos a armar el campamento y a esperar la visita del negro Andrés que como usted dice es su escobio.

Ahora, en lo que el Negro Francisco con la ayuda de los demás armaban el campamento, nosotros vamos a regresar a la ciudad de San Cristóbal de la Habana, para ver como les va a ingleses y españoles en él desempeñó de las armas.

Ya he comentado sobre la incapacidad del Conde Albemarle y su obstinación en tomar primero la fortaleza del Morro, y después la ciudad, cuando hubiera sido mucho más fácil ciudad defendida por fuerzas inferiores y muy desorganizadas, como lo demuestra la decisión de hundir en la entrada de la Bahía tres de los dieciséis buques anclados en la rada.

Pacek hace un inteligente movimiento, primero bloquea la entrada de la Bahía con buques de guerra y bombardea el castillo de la Punta.

CAPITULO 7

CONTINÚA LA BATALLA

Al parecer el Conde de Albemarle ha olvidado los informes del Almirante espía Knowles, que le dibujó un mapa donde aparece una vereda que une a Cojimar con las canteras de la Cabaña, el Conde de Albemarle supone erróneamente que desde el Morro se puede dominar la Cabaña y que le sería imposible sostenerse allí bombardeando desde la fortaleza del Morro, Knowles desde el mar bombardea el Morro.

Los ingleses hacen un simulacro de desembarcar por la playa del chivo, y por fin se posesionan de las alturas de la Cabaña, pero no para situar en ella artillería por el momento, sino para cerrar el anillo del Morro.

Todos estos errores impiden que el Conde de Albemarle logró su objetivo de tomar la Ciudad en un tiempo corto, y deberán transcurrir tres meses y muchas pérdidas de vidas, antes que los ingleses logren su objetivo, el sentimiento de lucro de la aristocracia inglesa prevalece sobre el sentido humano de minimizar las bajas de su tropa.

En honor a la verdad, debemos decir que aunque tenía cierto sentido un ataque por tierra con posibilidad de éxito, pero también tiene sentido que el Conde no quisiera involucrar su ejército en una pelea dentro de una ciudad que ellos no conocían y contra un enemigo tan aguerrido, la milicia de criollos cubanos.

El Almirante Paceck sintiendo su flota desabastecida de agua, desembarca tropas en la salida del río Almendares, se apodera del caserío de pescadores y allí hace agua para su flota.

Como les he dicho si los ingleses deciden hacer un desembarco frente a lo que es hoy el hotel Nacional y atacar por tierra la ciudad hubiera tenido la oportunidad de rebasar la muralla, pero el Conde de Albemarle no decide hacerlo, pero por fin toma una buena decisión, porque ordena situar cánones en la altura de la Cabaña, pero esto no le va a resultar fácil colocar los grandes cañones allí, por lo agreste del terreno y lo tupido de la vegetación, además de todo esto el sol del trópico hace la tarea de llevar los cánones allí se hace muy difícil y desmoralizarte porque la tropa se resiente tener un trabajo que aunque es necesario, pero excesivo, hay un viejo proverbio que dice 'fortaleza sitiada es fortaleza tomada', pero cuando el asedio se prolonga mucho tiempo, también puede ser nociva para los sitiadores, y no era fácil la situación del ejército inglés poco acostumbrado a las altas temperaturas.

Del verano tropical en Cuba, sin agua y con el peligro de una epidemia o un huracán que acabara con toda la flota.

Es cierto que Pacek bombardea el Morro con más de 500 cañones colocados en sus buques de guerra, pero el Morro le tira a la flota de Pacek también, y el almirante Harvey le comunicó al Conde de Albemarle con dramatismo que está bajo el fuego de la artillería española, y que sufre muchas bajas, porque los cánones del castillo tienen ventajas en la altura, Harvey dice.

- Tengo muchos marinos oficiales heridos, voy a mantener la posición mientras pueda, pero si los ingleses tienen perdida, los españoles cometen el error de repeler el ataque inglés bala a bala, sin tener en cuenta que están gastando muchas municiones que después le pueden hacer falta en un eventual ataque por tierra; pero en el que se decide la suerte de la ciudad de la Habana, volvamos a la caravana para saber qué ha pasado.

CAPÍTULO 8

EL MACONDO

Como lo había acordado, Francisco e Ismael armaron el campamento, habían parqueado las carretas una al lado de la otra, y amarrados los caballos y las mulas, y puestos los toldos y colocados los corchetes, donde debían dormir las mujeres blancas entre los carretones 2 y 3, ya con todo el campamento formado Ismael fue a conferenciar con Francisco y le dijo.

Francisco no dudó de su palabra, pero yo creo que no nos podemos dormir, tenemos que estar alerta, alerta porque esos cimarrones pueden ser la gente de su escobio Andrés, pero también puede ser un grupo de bandidos.

Y que usted recomienda su merced - le pregunta Francisco, porque el negro esclavo había podido apreciar que el mulato era un guerrero con sangre goda y sula.
Yo creo que sin hacer mucho ruido debemos repartir las armas y organizar la defensa, y por lo menos a Doña Teresa la tenemos que poner sobre aviso de la situación - le contestó Ismael.

Si yo creo lo mismo, dele usted pistola a Dona Teresa para que ella se defienda y pueda defender a las demás mujeres, háblele usted para que no se aterrorice - Ismael llega al lugar donde estaba sentada Doña Teresa y le dijo

Doña Teresa no es para que entre en pánico, pero estamos en una zona algo peligrosa - Teresa interrumpió a Ismael y le preguntó.

¿Peligrosa porque? Yo creo que hasta aquí no han llegado todavía los ingleses

No, Doña Teresa aquí él. Peligro no es inglés y - aquí los peligrosos son los bandidos y los negros cimarrones - Dona Teresa se persigna y dijo - que Dios nos proteja - Laura, la hermana de Teresa, que había escuchado lo dicho por Ismael, tomo la palabra.

Entonces estamos en peligro de que nos asalten, nos roben o nos secuestren y hasta nos violen.

No, Doña Laura, no lo tome usted así, nosotros las vamos a defender si nos llegan a atacar - le dijo Ismael.

Los que más miedo me dan son los negros - le dijo Leticia, la otra hermana de Teresa.
Yo creo que eso son los menos peligrosos, le contestó Ismael, hubo un momento de reflexión sobre el inminente peligro y Dona Teresa preguntó.

Porque usted cree eso joven.

Según me dijo su esclavo Francisco, el líder del grupo de cimarrones es un negro conocido por él con el que Francisco puede negociar.

Nota Aclaratoria: Macondo, líder de la sociedad secreta abakuá de origen Nigeriano, región de Calabar África occidental.

Continuación de la historia

- Señora Teresa, hay muchas cosas que ustedes, los blancos no conocen sobre las religiones y las sociedades secretas de los esclavos, recuerden que junto con ellos, además de su música y sus tambores, ellos trajeron su religión y sus costumbres, su linaje y su jerarquía como le digo sus sociedades secretas.
- Por lo pronto yo voy a rezar un rosario para que Dios nos proteja a todos - les dijo Laura.
- Y yo por lo pronto le voy a dar a la señora Teresa una pistola para que ella le dé una pequeña ayudista a Dios - le contestó Ismael y sacando una pistola se la entrega a Dona Teresa y le pregunta.
- Sabe usted cómo manejar esta arma.
- Si yo lo sé hacer, recuerde que mi esposo es capitán de milicia, y yo y todas mis hijas sabemos manejar lo mismo, las pistolas que el mosquete y Mérida es muy buena tiradora y muy buena con la espada - Ismael tomó la palabra
- Francisco, su fiel esclavo, me entregó 3 pistolas, 3 mosquetes, un arcabuz, 3 sables y tres machetes, y yo lo voy a repartir todo entre los hombres de la caravana, y a su hija Mérida le voy a dar una pistola.
- Usted sabe cuál de mis hijas es Mérida, le preguntó Teresa a Ismael, que bien sabía a quién se refería Dona Teresa, porque

sabía a quién se refería Dona Teresa, porque la belleza de la muchacha lo había impactado.

- Si Doña Teresa ya su esclavo y Julio me dijeron quien es Mérida, quien es Mirta y quien es Mirian, Mirian es la novia de Julio y Mirta es su hija mayor- Teresa había meditado lo dicho por Ismael y tomando la palabra le preguntó.

- Y como se supone que si se diera el caso, que Francisco piensa negociar con la partida de negros insumisos, esos negros cimarrones son como animales.

- No se preocupe usted Dona, que él sabe cómo lo va a hacer, tenga confianza en él - le contesto Ismael; el muchacho procedió a repartir el armamento, le dio una pistola a Dona Teresa, otra pistola a Julio y una a Mérida, a Traquilino un mosquete, a Francisco otro y otro a Facundo a los negros Pancha, Ramona y Blanca machetes y él se quedó con el arcabuz.

Ya había caído la noche y todos descansaban bajo los toldos, cuando Francisco se acercó a Ismael y le dijo.

- No has escuchado un aullido de un perro jíbaro
- Si lo escuchó, le contestó el muchacho.
- El aullido no es de ningún animal, es una señal de que la gente de mi escobio Andrés está aquí, estamos rodeados por ellos.
- ¿Cuántos deben ser ellos? - pregunto Ismael.
- Entre 8 o 10 - le contestó Francisco.
- Y que debemos hacer nosotros - preguntó Ismael.
- Tranquilo, ellos se van a comunicar conmigo - le contestó Francisco y agregó
- Vamos a ir al final de las carretas, detrás de la impedimenta, que ellos están allí dentro del monte - Ismael y Francisco caminaron al final de la carreta; y no tuvieron que esperar mucho tiempo,

porque de la espesura del monte salieron tres figuras de negros cimarrones, solo vestidos con un sucio pantalón y un machete al cinto, uno de ellos traía un viejo arcabuz que de seguro había arrebatado a algún rancheado.

- Negele que son quiñongo - le dijo Francisco a su escobio Andrés.
- Ekue sabio mocongo más chévere abasí monina efe, en camo mocongo, que hace el mokongo de abaraco efe por esta manigua.
- Llevo a mi ama Dona Teresa a su hacienda Paso Redondo.
- Pero porque tanta gente y tanto alboroto le preguntó Andrés a Francisco.
- Los blancos están peleando entre ellos en la ciudad - Andrés miró. Detenidamente, a Ismael y le preguntó a Francisco.
- Y quién es el mulato que te acompaña, es esclavo o liberto.
- Es esclavo como yo - le contestó Francisco, de padre blanco y madre negra - es de anotar que Ismael en ningún momento se había sentido intimidado y dirigiéndose a Andrés le dijo.
- Soy esclavo como lo fuisteis tú y te respeto, tenemos algunas cosas para darte, mi nombre es Ismael, mi madre es Julia y mi abuelo es Francisco, somos sulas, de la dotación de Don Felipe Fonseca.
- Yo sé quien es tu abuelo - le dijo un negro que acompañaba a Andrés.
- Tú lo conoces - le pregunta Ismael.
- Si lo conozco tu abuelo es ñengue, tu abuelo es Gumen efo - le contestó el negro cimarrón y agrego - tu madre era una negra esclava, pero tu padre era blanco y rico, es el dueño de ingenios y haciendas y muchos esclavos, tu madre es una negra muy linda - Ismael puso cara de enojo y le respondió.
- Mi padre no es mi padre, él es solo mi amo y la prueba de eso es que yo estoy aquí con ustedes y no con él - se hizo silencio Francisco se había escondido detrás del último carretón la carreta

de la impedimenta para que nadie los pudiera ver, Andrés toma la palabra con una pregunta.

- Qué regalo me van a hacer mi escobio Francisco, y el índice Ismael.
- Te voy a regalar un quintal de carne salada, medio quintal de tabaco y 6 cebollas de aguardiente de cana.
- Nosotros tenemos para ustedes cuatro jutías congas y pescado ahumado - le contestó Miguel, uno de los cimarrones que venía con Andrés, toda esta conversación se había realizado en baja voz y detrás de la última carreta y en la oscuridad de la noche para que nadie de la caravana los pudieran ver y las damas blancas no entraran en pánico - Andrés volvió a preguntar.
- Y a dónde se dirigen ustedes ahora.
- Vamos a la hacienda de mi amo en Batabanó - le contestó Francisco.
- Y porque tu amo mandó a su familia tan lejos de la ciudad, preguntó Andrés.
- Ya le hemos dicho que la Habana está bajo un ataque inglés - le contestó Ismael
- Entonces los blancos pelean entre ellos, le comentó Andrés
- Si la pelea va a ser muy dura y muy larga, le dijo Francisco, Ismael, que ya había tomado confianza con los cimarrones, les preguntó.
- Y aparte de ustedes, no hay ninguna otra cuadrilla más de cimarrones en el camino de aquí a Batabanó que nos pueda atacar.
- Negros no, pero blancos bandoleros si - fue la respuesta de Andrés, Miguel volvió a tomar parte en la conversación y le dijo.
- Si hay una gavilla de Ranchea dores que cuando no andan tras los negros cimarrones, violan a las negras mansas y asaltan a los caminantes y hasta violan a las mujeres blancas.
- Y cuanto son ellos - le pregunta Ismael.

- Son tres blancos y un mulato liberto, gente muy mala y sin escrúpulos - le respondió Miguel.

- Y qué rumbo llevan ustedes - le pregunta Francisco a Andrés.

- Nosotros vamos también a la costa que esperan una goleta de negros cimarrones de Jamaica para cambiarle carne salada, tabaco y ron de cana por armas y pólvoras - Ismael y Francisco meditaron por unos minutos lo que el negro cimarrón había dicho y fue Ismael el que dijo.

- Si los ingleses llegan a tomar la Habana, vamos a necesitar nosotros también armamos y pólvora para combatirlos y no dejarlos salir de la Habana, y después y vemos que contar con ustedes - terminado este aceptado comentario se hizo el intercambio de mercancía, y ya a la despedida Ismael le preguntó a Andrés.

- Y cómo podemos volver a verlos a ustedes

- No te preocupes indícame, yo sé a donde ustedes van, en esa hacienda hay negros manzos que colaboran con nosotros, yo los busco allí con la negra Belén, la cocinera de la hacienda Paso Redondo, ella es mi madrina de santo, si ustedes tienen algún mensaje me lo pueden mandar con ella el padre de Belén el negro Narciso también es ñengue - los ñáñigos se cruzaron las manos en forma de saludo tradicional para despedirse y antes de partir Andrés le dijo a Francisco y a Ismael. Nosotros los vamos a acompañar a distancia y sin que las mujeres blancas nos vean para protegerla, se los ranchea dores y los bandidos, hay un rancheado muy peligroso, el cojo Saturnino, un cimarrón lo dejo cojo de un machetazo, y él odia a todos los negros lo mismo a los negros manzos que a los cimarrones - después decir eso los cimarrones se internaron en la maleza, Ismael organizo las guardias y las mujeres se fueron a dormir.

Amaneció cuando el trote de un caballo los despertó - el jinete pasó a galope junto a ellos y les gritó.

-	Los ingleses están a punto de tomar la Habana, están a punto de ocupar la fortaleza del Morro y después bombardear la ciudad

Como era de esperar la señora Teresa, sus hijas y sus hermanas pensaron con preocupación en el destino de Don Benito Moreno, el patriarca de la familia y hasta los esclavos pensaron con preocupación en el destino del patriarca de la familia Moreno porque Don Benito era un hombre muy justo y humano.

El jinete continuó su marcha y la caravana también continuó, era muy posible que ese día antes de caer la noche ellos llegaran al pueblo de Batabanó a unos kilómetros de la costa sur de la Isla de Cuba

El lugar adonde se dirigía la caravana de la familia Moreno era una hacienda agrícola en la cercanía del pueblo pesquero de Batabanó a unos kilómetros del sur de la ciudad de la Habana

CAPÍTULO 9

PASO REDONDO

Contaba la hacienda Pasó Redondo con una gran casona para la familia Moreno y un batey de bohíos para alojar la dotación de esclavos que trabajaban en las labores productivas donde se criaban ganado vacuno, ovino y cerdos, además se tenía una gran cría de pollos, con los que se abastecía la ciudad de la Habana, también con mieles traídas de un central azucarero se producía aguardiente en un alambique.

Cayendo la tarde entraba la caravana de las tres carretas por el portón de la hacienda Paso Redondo, llegaron a la gran casa donde ya los esperaba el administrador Don Gabriel Santos y su familia, el mayoral, Jesús Arteaga y varios esclavos ayudaron a instalarse a la familia Moreno y su compañía

La propiedad del señor Don Benito Moreno tenía 25 caballerías de tierra fértil en el centro de las cuales como se ha dicho Don Benito había construido una amplia y cómoda y ventilada casona colonial de más de doce habitaciones con una amplia cocina y un gran comedor, un recibidor y un gran salón familiar a unos 200 metros de distancia los bohíos donde vivían los esclavos, divididos por familias, también había entre el batey de los esclavos y la casa grande la casa del mayoral y su familia, como ya les he dicho el administrador y su familia vivían en la casa grande, el ambiente de la Hacienda era muy familia.

Se puede decir que los esclavos de la dotación de la hacienda Pasó Redondo eran bien tratadas y bien alimentadas, el señor Benito Moreno García era conocido por un amo piadoso y justo y sus esclavos dentro de las leyes y costumbres de la época lo consideraban a él y a Dona Teresa como buenos cristianos, ellos compartían principios morales y humanos.

La hacienda Pasó Redondo producía de todo, tenía más 50 vacas y 40 caballos, con la leche producidas por las vacas se hacía queso que era llevado a la Habana y vendido allí, tenía también un alambique que producía aguardiente de mucha calidad.

La cría de gallinas ponedoras producen una gran cantidad de huevos, tenía la finca Paso Redondo, una gran cría de cerdos, chivos y carneros y sembraban arroz, frijoles, frutas menores, tabaco y plátano, había también grandes árboles de mango, mamey, guayaba, aguacate en fin la hacienda producía de todo que el señor Don Benito Moreno García vendía en la Habana.

La buena alimentación y el buen trato hacen que la dotación de esclavos respetara y quisiera a sus amos, el señor Benito era considerado un gran padre de una gran familia, claro como ya les he dicho dentro de las leyes y costumbres de la época

Este trato hacía que Don Benito fuera a veces criticado por la jerarquía de la iglesia católica por considerar esta que Don Benito era demasiado consentidor con las costumbres religiosas de sus esclavos, las costumbres que ellos habían traído de África, porque de todos era sabido que en las haciendas de Don Benito los ñáñigos o evacua hacían encerronas a los santeros hacían bembé con tambores bata, y se adoraban los dioses africanos que hicieron notar el sincretismo religioso afrocubano del que más adelante hablaremos con más detalles, sin dejar a un lado el palo mayombe y la regla del congo.

Don Gabriel Santos hospedó a la señora Teresa en una pieza, en otra a las hermanas Laura y Leticia, en otra a las hijas de Don Benito, Mirta, Mérida y Mirian y Pancha la negra en otro Julio e Ismael también tuvieron una habitación en la casa grande, y el resto de los negros Francisco, Facundo y traquilino en un bohío de tablas de palma y techo de guano, tan pronto todos estuvieron bien ubicados Don Gabriel hablo con Julio, Imael y Francisco y les pregunto.

- Francisco, yo sé que tú eres hombre de confianza de Don Benito, quiero que me expliques en detalle lo que está pasando en la Habana, y porque la familia del señor Don Benito está aquí y no está él - el negro tomo la palabra.
- Mire Don Gabriel, la Ciudad de la Habana está siendo atacada por un ejército inglés y el gobernador general de la isla, Don Porto carrero, dio la orden de hacer salir de la Ciudad a las mujeres y a los niños porque se corre el riesgo de que los ingleses bombardeen la ciudad, y como usted bien sabe Don Benito es capitán de milicia.

- Y él y más de 20 esclavos negros de su dotación están luchando contra el ejército inglés que ataca la ciudad - Gabriel Santo interrumpió a Francisco con una pregunta.
- Y qué tiempo tú crees que pueda durar esta situación, y que posibilidad tiene el ejército inglés de tomar la plaza - Ismael le respondió.
- Don Gabriel, eso solo lo sabe Dios, puede que el sitio dure varios meses o varios años - de nuevo Gabriel preguntó.
- Si los ingleses toman la Habana, cuál va a ser la decisión de Dona Teresa - el negro Francisco le dijo.
- El amo Don Benito le dijo a Dona Teresa que no podía volver a la ciudad hasta que los ingleses la abandonaran, y que en caso de que muriera, Dona Teresa comprendería que el cómo capitán de milicia debía de estar al frente de su tropa defendiendo su país y su fe católica, - todos escucharon los pasos de Dona Teresa entrando en la habitación y tomando la palabra dijo
- Dios no permita que eso suceda - y pregunto si hay nuevas noticias- Don Gabriel señalando a Ismael pregunto.
- Y este joven es de la familia - Ismael, sin perder el tiempo, tomó la palabra y le contestó él mismo la pregunta a Don Gabriel.
- Soy compañero de Julio en la sacristía de la Catedral de la Habana, soy huérfano hijo de un criollo y una esclava, soy liberto y estoy bajo la protección del padre Ramón.
- En ese caso está bajo la protección de la iglesia - les dijo Josefa, la esposa de Gabriel que llegaba al lugar.
- Sí, señora, así mismo como usted dice es - corroboró Ismael
- Tiene usted vocación pastoral - le pregunta Josefa.
- No, señora, tengo profesión de soldado, cuando tenga la mayoría de edad me voy a alistar en la marina real.

- Te gusta el mar - le preguntó Gabriel, que había empezado a simpatizar con el desempeño del muchacho.
- Si me gusta mucho Don Gabriel - le respondió Ismael - Don Gabriel se sonrió y dijo
- Yo tengo una goleta de dos velas, si tú quieres te puedo enseñar a navegar y así aprovechas el tiempo que estés aquí.

Por la mente de Francisco y la de Ismael pasaron lo dicho por los cimarrones del contrabando de armas con los cimarrones de Jamaica.

Francisco e Ismael bien sabían que si el ejército inglés llegaba a tomar la Habana ellos tendrían necesidad de armas y pólvora para no dejar al ejército de ocupación inglés salir de la ciudad, la guerra de guerrillas siempre fue una manera muy practicada por los cubanos - Ismael tomo la palabra y le pregunto al administrador.

Don Gabriel, cuando me va a llevar a ver su nave.

Acondiciónate, en la casa primero, y ya después veremos - le contestó Don Gabriel, después de haber de bajar todo lo que habían traído en las carretas, y ya solos Francisco e Ismael, el negro como un padre con su hijo, hablo con Ismael, el muchacho tomo la palabra.

Francisco, yo creo que voy a tener que aprender a navegar, porque si la Habana como su pronóstico cae en poder del ejército invasor inglés, vamos a tener que ir con tu escobio el negro cimarrón Andrés a la isla de Jamaica a negociar armas y pólvora con la gente que Andrés conoce allí, para formar un grupo guerrillero.

Y para qué vamos a formar un grupo guerrillero niño Ismael - le preguntó Francisco.

No podemos permitir que el inglés salga de la Habana, y que después ocupe toda la isla de Cuba, eso no lo vamos a permitir - le contestó Ismael y Francisco le hizo otra pregunta.

CAPÍTULO 10

LA GOLETA

- Y quién nos va a dirigir en la pelea contra los ingleses.
- Don Benito o yo - le contestó Ismael
- Dios quiera que el señor Don Benito, mi amo, salga vivo de la batalla por la ciudad, para que venga a dirigirnos, pues él sí sabe pelear - le respondió Francisco - después de meditar por unos minutos, Ismael volvió a tomar la palabra.
- Si la ciudad llega a caer en manos inglesas es posible que mi amo Don Felipe Fonseca Hongo también combata al invasor, Don Felipe aunque es criollo, también se siente muy español
- Pero tu padre Don Felipe no es español, tu padre es criollo - le dijo Francisco, el muchacho no tuvo que pensar mucho para responder a Francisco.
- Negro, Cuba, es parte de España.
- Bueno niño Ismael, vamos a dormir que ya por hoy hemos tenido bastante ajetreo tal y como le había recomendado el negro Francisco Ismael se fue a la casa grande y Francisco al bohío donde le habían designado para que él durmiera, antes de despedirse el muchacho le dijo al negro.

- Mañana te voy a enseñar a ti, a Traquilino, a Facundo y a mi amigo Julio a manejar el sable y a disparar con el mosquete, y a las hijas de Dona Teresa si tienen interés en aprender también les doy clases, porque si el señor Don Benito tiene la desgracia de caer en la batalla, ellas de seguro quieren vengar a su padre, porque eso de perdonar a quien te mata a un familiar, para mí es una gran mentira y una gran hipocresía.
- Según me ha dicho la señora Teresa, mi ama el señor Benito enseñó a su hija la niña Mérida a usar el sable y el mosquete - le respondió Francisco y agregó - ahora lo más importante es que tú aprendas a navegar, para sí es necesario ir a Jamaica por armas y pólvoras podamos ir, porque el tabaco, la carne salada y el aguardiente no nos va a faltar - no te preocupes negro que yo me voy a aplicar en eso - le dijo Ismael.

Unos días después de la llegada y cuando ya Ismael había empezado el entrenamiento de su tropa a la que encabezaba Mérida, pues ella disfrutaba doble practicando el tiro, y de la compañía de Ismael, Don Gabriel sorprendió al muchacho y le preguntó.

- Voy a salir a pescar en la goleta, quieres venir conmigo.
- Claro Don Gabriel estaba esperando eso - fue la niña Mérida la que sorprendió a todos, porque dirigiéndose al administrador le preguntó
- Los puedo acompañar yo también
- Tengo que hablar con Dona Teresa a ver si la autoriza niña, porque navegar siempre es muy peligroso y no me quiero meter en problemas con su señor padre Don Benito.

- Está bien Don Gabriel, vamos a hablar con mi mamá - le contesto la muchacha que sabía que aunque tuviera que chocar con el criterio de sus tías, Doña Teresa la conocía y sobre todo conocía su carácter.

Ya sobre el mediodía Gabriel, Julio, Ismael, Mérida y Roberto, el hijo de Gabriel con Francisco conduciendo la carreta tirada por dos mulas, marchaban hacia la costa donde estaba atracada la goleta, una magnífica embarcación de 50 pies de eslora y 15 pies de manga con dos palos, el palo trinquete y el palo mayor; con foque y contrafoque en proa, rueda de timón y compás en la popa, la goleta de Don Gabriel era una joya y era su orgullo.

Debo señalar que el nombre goleta que se le da a este tipo de embarcación es de origen francés goutelle o golondrina, que señala su ligereza y rapidez, muy a propósito para la navegación de cabotaje o viajes cortos.

La goleta de Don Francisco era exactamente lo que necesitaban Ismael y Francisco para entrar en negocio con los cimarrones de Jamaica que peleaban también en su pequeña isla contra el poder del ejército inglés, el enemigo de mi enemigo es mi amigo, dice un viejo refrán árabe.

La carreta llega a la costa, y en un rústico muelle de madera estaba amarrada la goleta de Don Gabriel a Ismael, el corazón le latía de emoción al ver el barco, todo el grupo bajo de la carreta.

Don Gabriel estaba orgulloso de su embarcación y dirigiéndose al grupo le dijo.

- Caballeros ante ustedes está la Paloma, la goleta más rápida que navega el mar Caribe, en esta goleta se puede ir donde se quiera ir, tiene dos palos, el trinquete y el palo mayor y las buenas culebrinas, tres por babor y tres por estribor para su defensa
- Y hoy vamos a navegar en ella Don Gabriel - le preguntó la intrépida niña Mérida.
- Claro, niña, hoy vamos a dar un paseo aunque sea corto, estoy comprometido con Ismael a enseñarle a navegar a la vela.
- Yo también quiero aprender - le dijo Mérida.
- Pues a lo que vinimos - le dijo Don Gabriel, todo el grupo saltó a cubierta, safaron amarras y la paloma emprendió la navegación con todo el velamen desplegado y viento en popa rumbo sur franco hacia cayo Largo del sur, dejando por el este la ensenada de la proa.

La Paloma navegaba a sotavento con Don Gabriel aferrado al timón, el viento del mar llenaba sus pulmones y el criollo entonó una vieja canción marinera.

Con dos cañones por banda
viento en popa y a toda vela
no corte el mar, sino vuela
un velero bergantín

La paloma volaba sobre las olas del mar y en la costa escondido en el manglar, el grupo de cimarrones capitaneados por Andrés el escobio de Francisco lo había visto alejarse y Andrés le comento a Miguel.

- Pronto vamos a ir a Jamaica a hacer negocios con los negros cimarrones y con la princesa Sin ka.
- Si escobio, recuerda favor con favor, se paga - le contestó Miguel a su jefe - y agregó - pronto vamos a tener armas para defendernos del cojo el malvado rancheado.

La paloma navega hacia el sur con Don Gabriel al gobierno de la goleta, y a su lado Ismael y Mérida no perdían ni un solo movimiento del capitán, Ismael mirando la brújula le dijo a Don Gabriel.

- 180 grados en el compás vamos al sur.
- Si Ismael vamos haciendo sur franco - le contestó Mérida, era evidente la simpatía que había nacido entre ellos, Mérida le pregunta a Don Gabriel.
- Don Gabriel, este viaje es de simple paseo.
- No niña Mérida, en este viaje vamos a levantar unas trampas de langostas que tengo en unas piedras de Cayo Cruz, malpaís y cayó culebra - Mérida volvió a preguntarle a Don Gabriel.
- Y tiene usted muchas trampas de langostas - Gabriel medito por unos minutos y contestó.
- Según lo que usted llame muchas trampas, niña, porque yo solo tengo 120 trampas en 12 tiras.
- Y solo pesca usted langosta - le preguntó Ismael
- También recogemos esponjas y pesca de lo que caiga o lo que pique.
- Bueno Don Gabriel, yo no solo quiero llevar el rumbo, es lo que quiero aprender, también quiero aprender a manejar el velamen - le dijo Ismael.
- Somos todo oídos Don Gabriel - le dijo Mérida.

- Con viento de sotavento - es fácil navegar, pero todo a su tiempo le contestó Don Gabriel.

- Como había dicho el capitán de la goleta con viento de sotavento y todo el velamen desplegado, el velero cortaba las olas a una velocidad de 15 nudos por hora, como nota aclaratoria les debo decir que la milla es una medida de distancia y el nudo una medida de velocidad la milla terrestre tiene 1610 metros y la milla marítima 1852 metros y el nudo 2.2 millas marítimas, después de esta pequeña aclaración continúo la historia.

-

A esa velocidad en 4 horas llegaron junto a Cayo Cruz y allí Don Gabriel e Ismael abordaron el chapín que la goleta llevaba a remolque, Don Gabriel conocía muy bien donde tenía tirada las trampas o nasas y llegaron en un dos por tres a la primera tira de jícaros unidas al los trompos por un cabo de unos 12 o 20 pies de largo, en menos de 30 minutos elevaron las 12 trampas y llenaron 5 barriles de langosta y un par de barbirrubias y una cherna pequeña que había tenido la mala suerte de entrar en la trampa.

Ya había caído la tarde y el grupo con Don Gabriel e Ismael sentado junto al timón y Julio, Mérida y el negro Francisco en la proa de la goleta conversando sobre el viaje por mar, Ismael no le quitaba los ojos de encima a Mérida, y ella mirando al horizonte y de vez en cuando miraba también a Ismael, es muy real que la vista es más difícil de controlar que la lengua, Ismael miraba como dice la poesía.

"Como miran los lagos, las noches estrelladas las miran hasta el alba y no le dicen nada"

Es muy posible que Ismael y la niña Mérida hubieran querido sentarse juntos y conversar como lo hicieron Romeo y Julieta, pero ellos tenían sobre ellos los ojos del administrador de la hacienda, el negro Francisco y de Julio el sacristán y que todos ellos respondían a la familia Moreno y sobre todo respondían a los perjuicios de la época y aunque no era muy señalada tampoco se dejaba de notar la sangre negra de Ismael, y sobre todo la condición se suponía libertad del muchacho.

Como la cocina de la goleta era pequeña el capitán de la nave Don Gabriel prefirió resolver la cena con lo que habían traído de la hacienda, carne de cerdo y viandas, ya cansados y con sueños decidieron ir a dormir, y como el camarote de popa era pequeño el capitán hospedó en él a la intrépida señorita Mérida, Don Gabriel sabía la responsabilidad que tenía con ella ante la familia Moreno, Don Gabriel puso una lona a modo de techo entre los palos mayor y trinquete amarre las puntas a las bandas y debajo colocar colchonetas para el resto del grupo, gran idea de Don Gabriel porque dormir a la intemperie y bajo el sereno es muy incómodo.

Ya a prima noche todos dormidos menos Mérida que pensaba en Ismael, y él en ella, había dado comienzo la eterna batalla del amor, con todos los juicios y prejuicios del racismo, clasismo y nacionalismo, una lucha del mármol contra el granito, una lucha que ha causado en la historia de la humanidad muchas lágrimas desde Troya a Venecia, estaban sin querer envueltos en esta lucha sin quererlo Julio al que no le importaba tener un competidor dentro de la familia, como les he dicho antes, Don Gabriel que tenía la gran responsabilidad delante de Don Benito y Dona Teresa de la custodia de Mérida y el negro Francisco, que aunque le debía afecto a Ismael, también le tenía mucho cariño a la niña Mérida a la que había visto crecer y era su preferida de las tres hermanas, el negro que conocía los nefastos resultados del racismo y la xenofobia, también sabía que ante el primer asomo de peligro, la familia Moreno mandaría a Mérida lejos a San Cristóbal o a España donde Dona Teresa tenía parientes, poniendo en práctica el viejo refrán qué amor de lejos es amor de pendejos.

Pero una cosa es la que pensaban Agamenón y Príamo y otra aun distinta la que pensaban Paris y Elena, una cosa era lo que pensaban los Monteros y Capuletos y otra cosa pensaban Romeo Y Julieta, ahora también una cosa pensaban Teresa y las dos urracas de sus hermanas Laura y Leticia, y una bien distinta pensaban Ismael y Mérida

"Me pides que la olvide, sabes tú lo que me pides, mira si Dios me lo pide a Dios le digo que no y si en castigo a mi blasfemia impía, me la quita veloz, me suicido, subo al cielo y se la quitó a Dios".

G.A. Bécquer

Temprano en la madrugada Don Gabriel dio el pie, coló café y reunió a todos en la cubierta, para contar con ellos tomar una decisión, ya con todos a su alrededor y en lo que la goleta se balanceaba entre las olas del banco de montaña, Don Gabriel hizo una pregunta.

- Señores, podemos regresar desde aquí o podemos seguir navegando hacia cayo Cantillo o cayó Largo del Sur.
- Yo quiero seguir la audaz niña Mérida
- Yo hago lo que usted quiera hacer, le dijo Ismael, - que no había querido señalar mucho sus sentimientos apoyando a Mérida

- Qué tiempo puede demorar el viaje - le preguntó Francisco.

- Por lo menos un par de días o más para allá y otro par de días de regreso - le contestó Don Gabriel - el negro Francisco medito la respuesta y le respondió.

- Don Gabriel, usted es el capitán de la goleta, y en una goleta la palabra del capitán es ley- Mérida e Ismael hicieron un gesto de aceptación con la cabeza y Francisco continuó.

- Yo creo que las cosas están muy difíciles y nosotros principalmente usted, no debe abandonar la hacienda por tanto tiempo, los ingleses pueden tomar la Habana y decidir marchar con su ejército hacia el sur a fin de ocupar el resto de la isla y en ese caso usted tendría que tomar una decisión - todo el grupo apoyó lo dicho por Francisco con un gesto de la cabeza.

- No creo que eso llegue a pasar, pero si pasara yo ya tengo un plan en mente, recuerde que Don Benito tiene una pequeña propiedad en la isla del tesoro, la Isla de Pinos - se hizo silencio de reflexión y al cabo de ella Don Gabriel volvió a tomar la palabra

- Pero Francisco tiene mucha razón, debemos volver, ya habrá tiempo en otra ocasión para navegar - Gabriel miró hacia el velamen y comento.

- Regresaremos no navegando a sotavento, lo vamos a hacer con el viento en contra, lo haremos con el viento a barlovento, ahora vamos a tener el viento por la proa y no por la popa.

- Y cuál debe ser nuestro procedimiento, pregunto Mérida - Don Gabriel, con pleno conocimiento de causa, tomó la palabra y dijo.

- Vamos a hacer una singladura bordeando la ruta, vamos a dar comienzo a la primera clase de navegación - diciendo y haciendo Don Gabriel tomó un trozo de papel y le hizo a Mérida y a Ismael un pequeño diagrama, y le señaló - tenemos que navegar así - con toda la audacia que la caracterizaba Mérida se dirigió a Gabriel y le dijo.

- Don Gabriel me deja gobernar la goleta
- Claro niña Mérida, tome usted el timón que yo voy a estar a su lado, le contestó Gabriel, y haciendo un gesto de mano se dirigió a Ismael y le dijo.
- Yo voy a estar a la derecha del timón, ponte tú a la izquierda y a medio camino toma tú el timón, porque hoy empezamos las clases de navegación - y agregó - yo soy responsable de ustedes y les pido que mantengan el control de todo - Don Gabriel había dicho en tono fuerte de voz.
-

Y a Francisco no le quedó más remedio que sonreír, él sabía por qué el administrador había recalcado las palabras, control de todo, el negro sabía que Don Gabriel no se refería al control del barco como el lector debe de saber, el pobre, la riqueza y el amor son estados que al hombre le son difíciles de ocultar.

La goleta gobernada por Mérida navega rumbo norte con el viento a barlovento, un tramo del viaje con Mérida gobernando y otro tramo con Ismael al timón y con la dirección de Gabriel, el barco bordo sobre el mar y llegó bien a puerto.

CAPITULO 11

SIN NOTICIAS

Ismael y Mérida habían hecho caso al pedido de Don Gabriel y se habían mantenido a distancia uno del otro, la pareja sabía que solo la discreción le daría al final la posibilidad de consolidar su amor.

El bote llegó al muelle, pusieron las defensas, lo amarraron bien al muelle donde es aconsejable hacer en verano tiempo de turbonadas repentinas, después bajaron de la goleta los toneles llenos de langostas los subieron a la carreta, subieron en ella y emprendieron el regreso a la hacienda todos felices como lombrices, al regreso Don Gabriel tomó las riendas de los caballos y a su lado se sentó Mérida, detrás se acomodaron Ismael, Francisco y Julio.

Ya sentados todos disfrutando de un buen enchilado de langosta preparado por la negra cocinera Pancha, Dona Teresa se dirigió a Gabriel, su administrador, y le preguntó.

- Y como se portó mi niña Mérida durante el viaje.
- Su niña es una maravilla Dona Teresa - le contestó Gabriel.

- Y Julio también se portó bien - volvió a preguntar Dona Teresa.
- Para hablar con sinceridad le puedo decir que Julio también se portó muy bien, pero en realidad él no tiene vocación de marino, y como usted sabe Dona lo que no nace no se cría.
- Si Don Gabriel tiene toda la razón, cada cual es como Dios nuestro señor lo hizo, y mi vocación es pastoral, la vocación de Mérida es de Mérida, como la vocación de Ismael es de soldado y guerrero - le contestó Julio.
- Si ya yo he visto que tu amigo, el liberto Ismael, es un muchacho de armas tomar - comentó Laura, la hermana de Dona Teresa - y agrego - bueno, he dicho liberto porque me han dicho que lo es - Julio tomó la palabra.
- Si Dona Laura, mi amigo es un liberto, pero por su linaje, yo diría mejor criollo.
- Criollo fuera si sus padres fueran españoles y el nacido en Cuba, pero si tiene sangre negra, de alguna manera sus padres o él fueron esclavos - le contestó Laura, que no en todo lo que decía, pero en parte sí, Dona Teresa decidió tomar la palabra y dijo
- Laura, liberto o criollo, el muchacho era sacristán en la catedral, y eso le da un aval moral y religioso, y por lo que se ha visto tiene además educación y valor, y con nosotros se ha portado como un caballero y le debemos estar agradecidos todos - Mérida hizo un gesto de afirmación con la cabeza y Julio la imito - Ismael decidió tomar la palabra.
- Le agradezco a Dona Teresa sus palabras de elogio y me llenan de sentimiento, y por esa razón usted y su familia pueden contar conmigo como un fiel servidor - después de las palabras de Ismael se hizo silencio roto por el administrador Gabriel
- Yo he podido apreciar que Ismael tiene actitud de marino, y yo le quiero pedir permiso a Dona Teresa para llevarlo conmigo a

navegar en la goleta por cayo Cantiles y por cayo Largo del Sur, él tiene interés en aprender a navegar y yo tengo interés en que él aprenda, porque yo he estado considerando la idea de cuando este problema de la invasión inglesa termine, ir con mi goleta a Honduras, Guatemala y al virreinato de nueva España a negociar con tabaco y ron de cana.

- Y usted le consultó eso a mi esposo - le preguntó Dona Teresa al administrador.
- Si Doña Teresa ya yo le hice la consulta a su esposo Don Benito.
- Yo quiero también aprender a navegar, le dijo Mérida.
- Esa no es una actitud para una señorita - le contestó Laura - Mérida miró con dureza a su tía, y puede que con enfado, y decidió tomar la palabra.
- Tía Laura, según yo sé mi abuelo materno Don Esteban García fue capitán de navío de la marina real española, y yo creo que herede su sangre y su linaje, y además no me voy a quedar aburrida aquí en la hacienda, porque nadie sabe cuando vamos a poder regresar a la Habana.
- Si Mérida va a pasear en la goleta, nosotros también queremos ir - les dijo Mirian, se hizo unos minutos de silencio, en lo que Doña Teresa meditaba la respuesta que le daría a su hija, por fin se dirigió a Gabriel con una pregunta.
- Qué grado de riesgo tiene usted en esos viajes en su goleta.
- Yo creo que el riesgo es mínimo - le contestó el administrador, de nuevo Teresa preguntó.
- La goleta tiene camarote con baño.
- Claro Dona, la goleta tiene un camarote con un baño pequeño - le contestó Gabriel, como era de esperar Mérida se salió con la de ella, y las próximas dos semanas ella y sus hermanas Julio e Ismael la pasaron navegando y recibieron clases de navegación a vela

Las clases eran dadas por el administrador Gabriel, en esos dos meses la Habana se defendió a capa y espada contra la invasión del poderío de una flota y un ejército que le ganaba, en todo, en disciplina y armamento, menos en heroísmo

En especial los defensores de la fortaleza del Morro dieron cátedra de valentía, el capitán de navío Don Luis de Velasco dejó un legado de hidalguía y bravura para la historia de la colonia española en Cuba, historia que después debían de empanar hechos como el fusilamiento de los 8 estudiantes de medicina el 27 de noviembre de 1871, o la injusta e inhumana concentración ordenada por el general español Valeriano Weiler durante la guerra de independencia.

CAPÍTULO 12

CAE LA HABANA

Por fin, el conde de Albemarle comprende la estratégica situación de las alturas de la Cabaña y ordena instalar artillería en la importante posición para atacar al Morro por tierra.

La armada inglesa dirigida por el Almirante Harvey recibe la orden de hostigar a la fortaleza del Morro, pero no es fácil su misión, porque todo buque que se acerca al castillo es atacado con ferocidad por los cañones emplazados en la fortaleza.

El propio Almirante Harvey es herido y comprende que su flota está en desventaja en la lucha contra el Morro, y toma la sabia decisión de alejarse y poner sus buques fuera del alcance de los cañones del Morro.

En la ciudad de San Cristóbal de la Habana, el Almirante Harvey, un viejo y experimentado marino, toma la voz cantante en organizar la defensa, pero por muy valioso que es el desempeño de Harvey, él es marino y una cosa es la guerra en el mar y otra bien distinta, es la guerra en tierra, y el almirante Harvey comete el lamentable error de sustituir a los oficiales del ejército por los capitanes de navío de los barcos embotellados en la bahía.

Como ya hemos dicho, el frente de la defensa del Morro está el capitán de navío Don Luis de Velasco, que se ha encontrado al llegar a la fortaleza una tropa mixta de más de trescientos soldados, cincuenta marinos y seiscientos negros esclavos, que han decidido buscar su libertad defendiendo la Habana, esta tropa cuenta con más de 60 cañones de todos los calibres, por desgracia para ellos el racismo de la época solo permite a los negros pelear como ayudante sin ningún mando militar.

Con el típico modo de actuar de un hidalgo español, la primera orden del capitán de navío Luis de Velasco es tapiar la entrada de la fortaleza para cerrar la comunicación con la ciudad y solo se podrá comunicar el Morro con la Ciudad por medio de una escalera de gato en la muralla y después cruzar la bahía en bote

Como toda acción tiene su reacción, este ejemplo de valor extremo moraliza a los españoles y criollos de la periferia de la Habana, y comenzando por los vegueros de Jesús del Monte, Guanabacoa y Bejucal, llegan a la Habana hombres armados con todo lo que puede traer escopetas, machetes y pistola.

A pesar de toda esta valentía y heroísmo de los habaneros, la superioridad en artillería de los ingleses es más que evidente, y los ingleses han logrado colocar artillería de gran poder en las alturas de la Cabaña y desde allí fusilar al Morro, y el prolongado duelo de artillería de los defensores del Morro primero contra la flota del Almirante Harvey y ahora contra las señales que Albemarle a situado en las alturas de la cabaña, están a punto de dejar a los defensores del

Morro sin municiones, y solo dos cánones responden el gran ataque inglés

Todo parece indicar que a los defensores de la fortaleza le quedan pocas posibilidades de resistir

Pero un hecho fortuito se produce y la Diosa de la fortuna, que según los antiguos es ciega y sobre todo loca, se pone del lado de los defensores de la fortaleza, porque el emplazamiento de artillería inglesa, los cánones que ha logrado colocar Albemarle en las alturas de la Cabaña se incendió y como el corazón de un hombre enamorado arde y el fuego lo destruye todo hasta los parapetos de madera donde se apoyan los cánones quedan reducidos a cenizas.

En el bando inglés todo no ha salido color de rosa, la situación no es buena, porque el prolongado sitio de la ciudad está a punto de dejar desabastecido al ejército invasor, y el hambre, le hacen perder al Conde de Albemarle cuarenta hombres por días, hay muchas bajas entre los soldados y marinos ingleses, otra gran desgracia puede llegar y en lo que confían los defensores de la Habana, algo que siempre han temido los habaneros y ahora añoran, que es un ciclón o huracán tropical, la palabra huracán, viento fuerte en lengua caribe.

El conde de Albermales espera con ansias un refuerzo que le han prometido y debe llegar de las colonias de Norte América y que no acaba de llagar, el conde entra en pánico, solo el imperturbable almirante Pacek está tranquilo y en lugar de combatir fondea su embarcación en la salida del río Almendares y desde allí con parco de lujo ve la pelea.

Pacek desembarca al oeste de la ciudad dos batallones de infantería de marina bajo las órdenes de Harvey, el oficial considera conveniente seguir el ataque por tierra y Pacek le pide al conde de Albemarle su autorización para hacerlo, pero este se lo niega.

Esta actitud es confusa y torpe, crea un mal ambiente entre los oficiales ingleses, que comprenden la completa ineptitud del conde Albemarle y sobre todo su gran codicia, porque el conde quiere llegar el primero al rico botín que él sabe tendrá cuando caiga en sus manos la ciudad, esto deja entrever que el ambicioso conde pudo haber sido un mal militar pero no un mal calculador.

Entre todas las malas ideas del conde se le ocurre una buena, porque decide colocar una mina de explosivos bajo la muralla de la fortaleza y hacerla caer y entrar en el castillo a carga de bayoneta, algo que sí es bien visto por la oficialidad inglesa, mientras los ingleses dan comienzo al plan de minar la muralla, dentro de la fortaleza el valiente capitán de navío Luis Velasco a sido herido y en el hospital de sangre le informan del plan inglés, porque desde la ciudad se ven a los zapadores ingleses colocar las minas.

Velasco trata de detener el trabajo inglés y ordena una salida y los españoles caen de sorpresa sobre los zapadores que colocan las minas, un batallón suicida sale de la fortaleza y cae sobre los ingleses y logra hacer muchas bajas, pero el brigadier Carliton que mandó al contingente inglés logra sobreponerse y obliga a los españoles a regresar tras la muralla del Morro.

En este momento los sitiadores de la ciudad por fin reciben refuerzos, los refuerzos que han esperado, que les llegan desde las colonias de

Norte América y desde la isla vecina de Jamaica, los refuerzos que vienen desde Norteamérica vienen bajo el mando del almirante Jomh Burton.

Después de colocar las minas el asalto a la fortaleza es inminente, en esta peligrosa situación el capitán de navío Don Luis Velasco trata de evacuar la fortaleza por la bahía y con sus hombres reforzar las defensas de la Habana y pide permiso para abandonar el castillo, Velasco recibe una contesta ambigua, pues lo dejan a su consideración lo que debe hacer, con el legado de la hidalguía española, Velasco decide morir con todos sus hombres defendiendo, lo ya indefendible el castillo del Morro.

Al mediodía de un caluroso día de verano tropical, hasta en las Alturas de Jesús del Monte se escucha una potente explosión; y una parte de la muralla que defiende el Morro se desploma, y en la fortaleza con la velocidad del sonido penetra un batallón de infantería inglesa a la carga de bayoneta, la pelea es brutal, se hace evidente la verdad que encierra un poema español de los tiempos de la reconquista de la Península Ibérica de manos de los árabes sarracenos que dice.

Llegaron los sarracenos y nos molieron a palos
que no hay razón que convenza
que Dios ayuda a los malos
cuando son más que los buenos

Y la fortaleza del Morro cae en poder del ejército inglés, la bandera inglesa flota sobre el Morro de la Habana, Velasco herido es trasladado a la Habana, porque el heroico capitán quería morir. En la ciudad que ha defendido tanto.

Después de la caída del castillo del Morro, el conde de Albemarle pide el rendimiento de la ciudad; pero sus defensores se niegan rotundamente, entonces desde el Morro y desde las alturas de la Cabaña el conde Albemarle da la orden de bombardear la ciudad indiscriminadamente, le tira a todo, a los almacenes a los polvorines y hasta a la población civil, razón por la cual la familia Moreno había abandonado la ciudad.

Después de esto el lector debe suponer que la ciudad de la Habana se rinde, pero no la isla de Cuba no porque lo mismo criollo que Peninsulares mantendrán viva la lucha de guerrillas, el coronel inglés Elliot tuvo que enfrentar al heroico regidor de la Villa de Guanabacoa Jose Antonio Gómez por todos conocidos como pepe Antonio, que por ironía del destino no moriría peleando contra el invasor inglés, una pelea que duró mucho tiempo, pepe Antonio murió de un ataque al corazón que provocó una disputa que el criollo tuvo con un oficial español, el coronel Canon, pero de Canon nadie habla y, en cambio, Jose Antonio Gómez es una leyenda de un cubano valiente y de honor.

Aunque el conde de Albemarle había logrado tomar la Habana, nunca pudo conquistar la isla, porque la gobernación pero a la ciudad de Santiago de Cuba en lo brava e indomable región oriental, y los límites de los ingleses nunca rebasaron Matanzas por el Este y el Puerto del Mariel por el Oeste, y el conde lejos de gobernar Cuba solo fue el alcalde de la Habana, el conde políticamente no tuvo ningún éxito sobre la fiel Cuba, en cambio, económicamente si, porque el botín de guerra fue muy grande, pues además del oro y la plata que encontraron en la plaza, desde el punto de vista militar fue de 12 galeones con más de 800 cañones de hierro, más 104 cañones de bronce emplazados en tierra, 11 morteros y 550 quintales de pólvora, 4800 fusiles y 150 mil cartuchos, 600 granadas, 500 bombas y 1600 balas de canon.

La combinación entre criollos e ingleses nunca fue buena, porque ni en costumbre, ni en cultura, ni en religión había mucho en común; porque incluso el obispo Moret tuvo que abandonar la Habana con la autoridad protestante inglesa.

La resistencia de los criollos fue muy grande, se crearon grupos guerrilleros que atacaron continuamente a todo inglés que tratara de salir de la ciudad, de este capítulo de la historia de Cuba trata esta novela, una novela de ficción sobre un hecho histórico real.

CAPÍTULO 13

LA NOTICIA

Habían pasado casi tres meses desde que la familia de Benito Moreno había tenido que abandonar la ciudad de la Habana apresuradamente rumbo sur y se había instalado en la hacienda Pasó Redondo bajo la protección de Don Gabriel, los jóvenes Ismael y Mérida habían aprendido a navegar bajo la tutela del administrador de la hacienda y capitán de la Gaviota Don Gabriel, los jóvenes habían aprendido a navegar y además en ellos había nacido la llama divina del amor, algo que aunque ellos habían querido ocultar no lo habían logrado hacer.

Pero Doña Teresa con mucha autoridad lo había logrado mantener en el amor, con los sentimientos que es en realidad el verdadero amor del otro amor, el material con el cuerpo, nada de nada.

Debido a la guerra, Ismael había logrado sostener su mentira de que él era sacristán y liberto, cuando en realidad no era ni sacristán ni liberto, lo que sí se podía afirmar es que era muy valiente, inteligente y honrado.

Una mañana en la que todo el grupo tomaba café en el comedor de la casona se escuchó llegar un jinete que había llegado a todo galope, el hombre que había llegado se presentó frente a Dona Teresa y le dijo.

- Doña Teresa le traigo una carta de su esposo. - el jinete sacó de su morral un sobre y se lo entregó a Dona Teresa, todos miraron la carta con la ansiedad de conocer su contenido, las manos de Dona Teresa temblaban de emoción, en su rostro se reflejó ansiedad y temor, pero logró controlar sus nervios abrió el sobre y la leyó.
Habana 12 - X - 1762

Amor mío, la Habana ha caído en manos del enemigo, en la batalla fui herido y perdí a 13 de mis fieles esclavos, todos mis negros se han portado con un valor y fidelidad increíble, yo pude escapar con 7 de ellos antes de que callera la Habana, hemos perdido una batalla, pero no la guerra, ya otros hacendados criollos nos estamos organizando para continuar el combate como guerrillero, los ingleses han logrado tomar la Habana, pero no van a poder salir de ella, pronto ellos se irán de Cuba y volveremos a estar juntos.

Besos a mis hijas y a ti, y un afectuoso saludo a los demás

Tu amante esposo Benito

Los ojos de Dona Teresa se humedecieron y todos vieron rodar por sus mejillas dos lágrimas, pero sin perder el aplomo de una criolla cubana, se dirigió a su familia y amigos y leyó la carta.

Señora Teresa no se ponga usted triste, su esposo está vivo y con el orgullo de haber cumplido con su deber, con orgullo y mucho decoro

- le dijo Ismael al grupo - Pero yo no creo que Don Benito deba de estar solo peleando contra los ingleses.

A la niña Mérida también se le humedecieron los ojos; Doña Teresa retomo la palabra y preguntó

- Pero qué podemos hacer nosotros para poder ayudarlo a él en una lucha tan desigual - Ismael no tuvo que pensar la respuesta, porque él ya la tenía en mente y le contestó.
- Ustedes las mujeres no pueden hacer nada, pero los hombres sí podemos y debemos hacer.
- Y usted qué recomienda que hagamos le preguntó Don Gabriel - fue el negro Francisco quien le dio la respuesta hecha por el administrador Don Gabriel.
- Lo mismo que va a hacer mi amo pelear, crear una guerrilla y emboscar a los ingleses cada vez que pretendan salir de la ciudad de la Habana.
- Pero para eso hace falta armas y pólvora - le dijo Julio.
- En eso no va a haber ningún problema, nosotros nos vamos a encargar de conseguirlo todo, armas y pólvora - le respondió Ismael.
- Tú sabes lo que estás diciendo Ismael, eso no va a ser nada fácil - le contestó Don Gabriel

CAPÍTULO 14

EL VIAJE I

- No es fácil, pero imposible, tampoco le respondió Francisco.
- Si negro es hora de ir hablando con Andrés - le dijo Ismael a Francisco.
- Y quién es ese tal Andrés - le pregunta la urraca parlanchina de Laura, que era incapaz de dar una idea o un buen consejo, pero que lo criticaba todo, costumbre de solterona; si mi querido lector va a vivir muchos años debe acostumbrarse a ese tipo de persona porque parte de la humanidad es así.
- No se preocupe Doña Laura, ese tal Andrés es un buen amigo nuestro, le dijo Francisco y poniéndose en pie agregó - con permiso de su mercé Dona Teresa, yo voy a ir bohío de la negra Belén, quiero que ella me haga un remedio para el reuma, y saliendo de la casona fue al bohío de la negra Belén no solo para que ella le hiciera el remedio, sino para otra cosa más importante.
- Después de salir de la casona, Francisco fue con paso rápido al bohío donde él sabía que encontraría a Belén, la encontró colando café, Belén era santera, cocinera y espía.

- Buenas tardes, negra, me vas a invitar a tomar café con burundanga.
- A tomar café y a todo lo que su mercé me pida, pero sin burundanga, la burundanga la tengo yo en la cintura - le respondió Belén, que puede que interpretara mal la visita de Francisco.
- Ahora solo quiero el café - Francisco se pegó al oído de Belén y le dijo - además quiero que le digas a mi escobio Andrés que tengo que hablar con él de algo muy importante, para lo demás habrá tiempo después - Belén miro a Francisco y con respeto le pregunto.
- Su mercé es ñengue.
- Sí, soy escobio de Andrés.
- Mañana regrese su mercé de nuevo a tomar café, que yo le voy a tener una razón, pero venga su mercé con menos apuro para hablar más con usted- Francisco se sonrió de la insinuación de Belén, le hizo un saludo con la mano y salió del bohío con rumbo al batey, y como era de esperar en el camino fue interceptado por Ismael quien le preguntó.
- Ya visitaste a Belen, ya los mandantes la razón a Andrés.
- Si niño Ismael, ya Belén, va a llevar la razón a mi escobio, y nosotros tenemos que hablar con Don Gabriel para Organizar el viaje a Jamaica - le respondió Francisco.
- Tenemos que organizar el grupo y saber con quién podemos contar - le dijo Ismael.
- Si niño, primero vamos a hablar con mi escobio Andrés, despúes con Don Gabriel, pero para empezar como ahora nosotros vamos a ser compañeros en una empresa muy peligrosa y que nos puede costar la vida, debemos comenzar por conocernos bien, y yo quiero que tú me cuentes tu verdad

- Y de qué verdad tú hablas negro, le dijo Ismael - Francisco miro a Ismael a los ojos y le dijo.
- Tu verdad indícame, porque tú no eres ni libertad, ni eres sacristán, ni nada que se le parezca - se hizo silencio, después del cual Ismael con una sonrisa le contestó a Francisco.
- Tú sabes lo que me dijo un día mi abuelo Francisco, tu tocayo, un negro esclavo como tú.
- Y qué fue lo que te dijo tu abuelo un viejo como yo, que fue lo que te dijo mi tocayo indícame - Ismael se volvió a sonreír y le contestó a Francisco.
- Más sabe el diablo por viejo que por diablo - después de decir esto agregó - tienes razón negra, yo no soy ni sacristán, no soy liberto, yo ahora soy solo un cimarrón como mismo lo es tu escobio Andrés - Francisco interrumpió a Ismael y le dijo.
- Eso que tú me has confesado, yo ya lo sabía, pero cuéntame tu historia, que debe ser muy interesante, yo me consulte con Ramona, la vieja santera que siempre acompaña a la niña Mérida, ella me tiró los caracoles y me habló de mi futuro y de ti también me habló.
- Y que te dijo la santera Ramona de mí - le pregunto Ismael a Francisco, el negro esclavo le contesto a Ismael.
- Que si nosotros logramos salir vivos de esta lucha, tú serás un hombre rico, muy rico y que yo estaría a tu lado, pero no me dijo por qué habría de suceder eso, por eso yo quiero saber tu historia al detalle y después yo voy a tratar de adivinarlo ya y porque me lo dijo la negra Ramona.
- Mi vida es corta mocongo y mi historia es más corta aún, no tengo mucho que contar, le respondió Ismael al negro Francisco.
- Pero cuéntamela Ismael le pidió de nuevo Francisco.

- Está bien mocongo, te voy a contar todo lo que tú quieres saber, vamos a sentarnos en aquella carreta - Francisco e Ismael fueron a una carreta parqueada en el batey, se sentaron en ella e Ismael dio comienzo a su historia.
- Yo nací de una esclava muy joven, casi una niña, cuando mi padre, su amo, la embarazó de mí, ella solo tenía 16 años - Francisco interrumpió a Ismael y le preguntó.
- Y qué edad tenía tu padre cuando preño a tu madre de ti.
- Mi amo tenía 49 años de edad.
- Entonces tu padre es 33 años mayor que tu madre - le dijo Francisco, y volvió a preguntar.
- Y tu padre o tu amo como tú lo quieras llamar, no tenía una esposa blanca como él.
- Si Francisco, mi amo tenía una esposa como tú, dices blanca como él - la señora Doña Estrella, que falleció hace 5 años.
- Y cuántos hijos tuvo con su esposa blanca tu amo - le preguntó Francisco.
- No mocongo la señora Estrella, no le dio a mi amo ninguna descendencia, le contestó Ismael.
- Entonces el único hijo natural que tiene tu amo eres tú el cimarrón Ismael.
- Bueno, mocongo hasta donde yo sé, creo que sí que yo soy su único hijo.
- Y tú me dices que tu ama Doña Estrella murió hace 5 años
- Si Francisco ella murió hace 5 años, le contestó Ismael
- Y de que tú dices que murió tu ama Estrella - le preguntó
- Francisco
- Se acostó a dormir y no despertó, dicen los doctores que le falló el corazón.

- Y tu ama, doña Estrella, sabía de tu existencia y de la relación de tu padre con tu madre.

- Si mocongo en la hacienda todos sabían la relación de mi padre o mejor dicho mi amo con mi madre, allí no es secreto para nadie.

- Y como fue la relación de la difunta Doña Estrella contigo.

- Doña Estrella era una santa y ella bien sabía que mi madre no era responsable de nada, qué puede hacer una esclava, casi una niña para defenderse de su amo, la señora Estrella nos comprende y nos trató siempre muy bien a mí, a mi madre y a mi abuelo.

- Entonces tu padre tomó a la fuerza a tu madre - le preguntó Francisco.

- En honor a la verdad, yo no creo que fuera así, porque mi padre es ya un viejo, pero siempre fue un hombre muy apuesto y de hablar bonito, yo creo que pese a la diferencia de edad, mi madre siempre ha vivido enamorada de él.

- Entonces cuál fue es el problema, le preguntó Francisco al joven - Ismael medito lo que le respondería a Francisco, a él no quería mentirle, se decidió y le contó

- Mi amo siempre ha tenido muy buen trato con mi madre y mi abuelo tu tocayo y conmigo, nos mandó a construir. Una casa entre la casa grande donde él vivía con la difunta Dona Estrella y el batey de los negros de la dotación, mi abuelo es mayordomo en la casa grande y mi mamá solo se dedica a cuidarme a mí - Francisco interrumpió a Ismael y le pregunto.

- Y como tú aprendiste a leer y a escribir - Ismael se sonrió y le contó a Francisco.

- Negro, yo no solo sé leer y escribir en español, también yo lo sé hacer en inglés y en francés, mi amo siempre se preocupó de mi educación, algo que yo le agradezco mucho.

- Si tu amo siempre los trato a ustedes tan bien, yo no entiendo cuál es el problema.
- El problema son los celos de mi padre por mi madre, el problema no es por falta de amor, es por mucho amor y por mucha diferencia de edad, - Francisco se sonrió y dijo
- Ya comprendo, tu padre es un anciano que ya no puede y tu madre una mujer todavía joven que necesita, y de seguro está muy codiciada por muchos negros jóvenes de la dotación.
- Si mocongo, pero mi mamá respeta mucho a mi padre, y los negros le temen - contesto Ismael.
- Pero todavía no me has dicho como se llama tu amo, ni que causó el problema, lo que pasó al fin - Ismael bajó la cabeza apenada y le contestó.
- Mi padre es Don Felipe Fonseca Hong - Francisco miró a Ismael sorprendido y le dijo.
- Tu padre es un hombre muy rico, tiene mucho dinero, haciendas y dos centrales que producen mucha azúcar, y tú eres su único heredero natural, ahora yo entiendo lo que me dijo la santera Ramona, que tú serías muy rico y que yo estaría junto a ti.
- Si eso llega a suceder algún día yo te compro negro y te doy la libertad - le contesto Ismael - Francisco volvió a tomar la palabra.
- Pero indicime todavía no me has dicho cuál fue el problema por el que tú estás aquí.
- Pues fue bien simple, mi amo se puso celoso con mi madre y un negro que dice mi amo, miro y respetuosamente, mi amo al azotar al negro y mi madre le reclamo la injusticia a mi amo, y esto puso más celoso a mi amo.
- Y tu padre discutió con tu madre - le dijo Francisco.
- Si negro y mi padre perdió el control y le pego a mi madre con la fusta del caballo.

- Y tú te metiste - le dijo Francisco.

- Claro negro, yo me metí a defender a mi madre y empuje a mi padre y después corrí, salí de la hacienda y me metí en la ciudad con la idea de ir a la catedral y ver al padre Ramón, el confesor de la familia Fonseca, y que además es amigo personal de mi padre, para que en nombre de Dios hacerlo reflexionar e interceder por mí y por mi madre - Francisco interrumpió a Ismael y le dijo.

- Y en eso llegaron los ingleses con la intención de atacar la ciudad de la Habana.

- Si negro en eso llegaron los ingleses - le contesto Ismael, el negro medito por unos minutos y le dijo a Ismael.

- Con los ingleses - le preguntó este - de nuevo Francisco se sonrió y le contestó a Ismael.

- No niño con los ingleses, tú aún no tienes ningún problema todavía, tu problema ahora es con Don Benito y con Dona Teresa que son los padres de Mérida.

- Y porque yo estoy metido en un problema con Dona Teresa y Don Benito - le preguntó Ismael.

- Tú sabes pequeño niño, tienes que tener mucha paciencia, porque un paso en falso tuyo o de ella los puede separar para siempre.

- Tienes razón negra, yo leí en un libro algo que dice que el mayor pecado es el de la desesperación por ser un pecado del demonio.

- Y quien dijo eso niño Ismael - le preguntó Francisco

- Lo dijo un grande de la literatura universal, el manco de Lepanto, Don Miguel Cervantes y Saavedra.

- Tú has leído mucho niño, tú eres casi bachiller - le dijo el negro Francisco a Ismael.

- No, Francisco, yo no soy casi, yo soy bachiller porque si algo hizo muy bien mi amo fue ocuparse de mi educación.

- Y porque tu padre no te ha hecho libre - le preguntó Francisco Ismael.
- Mi amo cree que es un modo de tener más control con mi madre, pero no te preocupes negro, ya lo hará algún día, si no manda tras de mí a los ranchea dores.
- No niño eso, él nunca la va a hacer, está muy claro que tu padre está muy enamorado de tu madre y también te quiere a ti mucho.
- Pronto lo vamos a saber Francisco, pero ahora no hay tiempo para preocuparte de ello, hay que armar un plan de batalla con inteligencia, logística, estrategia y táctica.
- Explícame bien eso, niño Ismael, porque soy un negro bruto - le pidió Francisco.
- Tú no eres bruto negro, pero te voy a explicar, uno de los maestros que me puso mi padre fue un militar y él me enseño que en la guerra tenemos que contar con inteligencia antes del combate, logística que son los recursos para el combate, logística que es planificar el combate y estrategia lo que se debe hacer durante el combate.
- Y con suerte - agregó Francisco, los orichas nos tienen que ayudar en eso, yo por lo pronto voy a ir a una consulta con la negra santera Ramona para que nos haga dos buenos resguardo, uno de Changó, el dios de la batalla y el trueno y otro de la diosa del mar - dijo Francisco

CAPÍTULO 15

LA UNIÓN I

- Claro negro que del sincretismo afrocubano no nos vamos a poder apartar -le dijo Ismael.
- Sincretismo que clase de brujería es ese niño Ismael - le preguntó Francisco - Ismael miró a Francisco y con sonrisa le contestó. Sincretismo antropológicamente, es la fusión de diversos sistemas religiosos o de prácticas religiosas perteneciente a distintas culturas, el truco con que ustedes, los negros, engañan a sus amos para poder seguir adorando sus dioses - le explico Ismael y agrego - pero de eso hablaremos más tarde, porque si yo te tengo que enseñar mucho a ti, tú me vas a tener que hablar de la religión de mi madre y de mí, abuelo que no te he dicho pero es babalao.
- Y tu abuelo nunca te hablo de eso, le preguntó Francisco a Ismael.
- Mi amo nunca se lo permitió - le respondió Ismael, Francisco meditó por un momento - le respondió a Ismael.
- Tu amo te crio como un niño blanco, te dio educación y te separo de los negros del batey, siempre tuviste ropa fina y zapatos, algún plan debe tener tu amo Don Felipe Fonseca Hong para ti que eres

su primigenio y su único heredero, al heredero que va su gran riqueza, su sangre y su linaje - Ismael reflexiona por lo dicho por Francisco y le respondió.

- Eso siempre me han dicho de mi abuelo y mi madre, ellos me han dicho que me porte bien y que estudie mucho y tenga paciencia con mi amo, que mi futuro no va a ser vivir entre los negros del batey, que para algo mi amo me ha dado educación que mi amo tiene un plan para mí.

- Yo creo lo mismo que tu abuelo y tu madre - le respondió Francisco, reflexiono por un momento y volvió a tomar la palabra - por eso yo te vuelvo a decir, ahora yo veo porque la negra Ramona cuando me tiro los caracoles me dijo que bien me iría a tu lado y que me veía liberto y bien vestido

- Bueno, negro, si tus orichas y mi Dios nos ayudan y salimos vivos de esta vorágine - Francisco se sonrió y le respondió a Ismael.

- Te vuelvo a decir niño Ismael, tu peligro no va a ser en la lucha contra los ingleses, tú peligras va a ser con Dona Laura, Doña Leticia y por supuesto con Dona Teresa y mi amo Don Benito -

- Ismael le respondió a Francisco con algo que había leído, y con un suspiro le dijo.

- Ama como puedas y todo lo que puedas, en fin balas no matan el amor.

- Su merced tiene razón niño Ismael, pero ahora no es hora de hablar de amor, es la hora de hablar con mi escobio el cimarrón Andrés, para que nos diga cómo podemos llegar a hablar con los cimarrones de Jamaica, ellos nos van a ayudar a conseguir las armas y la pólvora dijo Francisco - Y Francisco le preguntó.

- Indicime tú que has estudiado, me puedes contar sobre la isla de Jamaica y porque hay tantos negros cimarrones en ella.

- Eso te lo voy a contar durante el viaje que haremos a Jamaica, y en ese viaje tú me vas a contar lo que yo quiero saber sobre la sociedad secreta se los evacua y sobre las religiones africanas, le respondió Ismael.
- Si niño en el viaje hablaremos de eso, pero ahora vamos a ver a Don Gabriel, para saber que él ha sabido del amo Don Benito y para contarle el plan que yo y tú tenemos en mente.
- Y tú crees que Don Gabriel quiera confiar en Andrés, que es en definitiva un negro cimarrón - le pregunto Ismael a Francisco.
- El gobernador de la isla, Don Porto carrero, le prometió la libertad a todo negro que luchara contra el invasor inglés, que es lo que va a hacer mi escobio Andrés y todo su grupo.
- Tienes razón negra, dijo Ismael, y repitió, como sabe el cielo, sacar de las mayores adversidades los mayores provechos.
- Y quien dijo eso que es una gran verdad - le preguntó Francisco.
- Eso lo dijo el manco de Lepanto, le contestó Ismael, sabiendo que Francisco no tenía la menor idea de quién era el manco Lepanto
- Y quién era ese manco, le preguntó Francisco a Ismael.
- Ese manco fue Don Miguel de Cervantes y Saavedra, y le decían el manco porque perdió una mano luchando contra los turcos en la batalla de Lepanto - le contestó Ismael.
- Voy a aprender mucho contigo niño - dijo Francisco e Ismael le contestó con una poesía.

Quien me quiera criticar
Tiene mucho que saber
Tiene mucho que aprender
El que me quiera escuchar
tiene mucho que pensar
el que me quiera entender

Lo mismo Francisco que Ismael tenían un maestro dentro y mucho que enseñar cada cual de su mundo y así hablando de literatura, historia, sincretismo afrocubano y hasta de filosofía, llegaron ante el administrador de la hacienda Paso Redondo y dueño de la goleta más rápido del mar Caribe la Gaviota, el barco donde ellos habían pensado ir a la vecina isla de Jamaica, lo encontraron en el almacén de la hacienda e Ismael se dirigió a él con una pregunta.

- Don Gabriel, qué noticias ha tenido de Don Benito, Don Gabriel le hizo un gesto de mano para que se acercaran a él y en voz baja les dijo.
- Según se dice, Don Benito fue herido en la batalla, pero logró escapar de la ciudad y se está recuperando en la hacienda de un hermano masón que está junto al río Bacunayagua en el Valle Yumuri cerca de Matanzas.
- Y porque no fue trasladado para acá le preguntó Francisco - y agregó aquí es el lugar donde se puede recuperar.

CAPÍTULO 16

LA UNIÓN II

- No negro, él no quiso venir para acá tan lejos de la ciudad, él piensa seguir en la lucha ahora como guerrillero - Francisco lo interrumpió y le dijo.
- Algo así como un negro cimarrón.
- Más o menos, ellos quieren luchar contra los ingleses, no dejando salir a ningún contingente inglés fuera de las murallas de la ciudad de San Cristóbal de la Habana.
- Y porque San Cristóbal de la Habana, Don Gabriel - le preguntó Francisco, y fue Ismael el que le respondió
- San Cristóbal fue el nombre que le pusieron los conquistadores españoles, el adelantado Diego Velázquez de Cuello, al conquistar la India de la Habana que estaba junto a la bahía, después de esta aclaración Ismael continuo y dirigiéndose a Don Gabriel le dijo.
- Yo y Francisco tenemos pensado hacer lo mismo que Don Benito.
- Hacer que - le preguntó Don Gabriel y fue Francisco quien le respondió.
- Nosotros, Don Gabriel, vamos a hacer una guerrilla para hostigar al invasor inglés - se hizo silencio en lo que los tres hombres

meditaban, silencio que Don Gabriel rompió y tomando él también la idea dijo.

- Pero para poder hacer eso vamos a tener que contar con armas y con pólvora.
- Y con valor dijo Francisco.
- Las armas y la pólvora la vamos a tener Don Gabriel - le respondió Ismael, el administrador le preguntó al muchacho.
- Cuenten el plan que tienen, porque si están tan seguros que van a tener las armas y la pólvora deben tener un plan - de nuevo se hizo silencio en lo que Ismael meditaba la respuesta que le daría al administrador, por fin le dijo.
- Tenemos en Jamaica alguien que nos va a cambiar o vender armas, digo cambiar armas por tabacos y aguardiente.
- Tú estás seguro de lo que me estás hablando - le preguntó Don Gabriel.
- Totalmente seguro - le dijo Ismael a Don Gabriel.
- Si lo que tú me dices es verdad, voy a tener la oportunidad de complacer a Don Benito, porque en la carta que él me hizo me pidió que tratara de resolver pólvora y armas después de decir eso le pregunto a Ismael.
- Y como ustedes han podido entrar en contacto con los tratantes de armas de Jamaica, una isla ocupada por los ingleses que están en guerra contra los cimarrones.
- Así es Don Gabriel, los negros cimarrones de Jamaica son nuestros contactos, recuerde que ellos pelean contra los ingleses y el enemigo de mi enemigo es mi amigo, dice un proverbio árabe.
- Tan pronto estuvieron, solo Francisco se dirigió a Ismael y le dijo.
- Hasta ahora tienen un aliado en tus sentimientos prohibidos, pero yo creo que ahora ya tienes dos.

- Esa noche, en un claro de la manigua cubana, la manigua redentora aliada siempre de los que han luchado por Cuba, Ismael y Francisco hablaron con el negro Andrés, el primero en hablar fue Francisco.

- Mira, escobio, tú has estado de cimarrón toda la vida, pero ahora lo puedes dejar de ser y pasar de ser un negro cimarrón a ser un negro liberto - Andrés interrumpió a Francisco y le pregunto.

- Y cómo va a ser ese escobio - Ismael creyó oportuno tomar la palabra.

- El gobierno de la Habana prometió la libertad a todo negro que luchen contra los ingleses - de nuevo Andrés interrumpió a Ismael.

- Según se indicime la lucha contra los ingleses, la lucha entre blancos esclavistas ya termino, como el negro Andrés y sus hermanos va a ganar su libertad.

- En eso te equivocas, escobio la lucha terminó en la Habana, pero aquí en la manigua no ha terminado hasta que los ingleses abandonen Cuba - le dijo Francisco.

- Tú eres negro como yo, además eres mi escobio y yo sé que tú no me vas a engañar, yo y mi gente vamos a luchar con ustedes contra los ingleses.

- Entonces nos vamos a Jamaica para conseguir las armas con ustedes, le preguntó Ismael - Andrés pasó la mirada por sus compañeros cimarrones buscando algún indicio de contra su decisión y al no encontrar ninguna y como ya se ha dicho en otra ocasión el que calla otorga Andrés se dirigió a Francisco e Ismael y les dijo.

- Preparen todo como ir y cuando estén listos nosotros nos vamos con ustedes para Jamaica, yo no creo en los blancos, ni las razones que tuvieron los blancos para sacarnos de África y traernos aquí y esclavizarnos, pero si creemos en ti mi escobio, cuando estén listos nos vamos a Jamaica - Francisco y Andrés se cruzaron las manos en forma de saludo como lo hacen los miembros de la sociedad secreta evacua, después del saludo los cimarrones volvieron al monte y Francisco e Ismael regresaron a la hacienda Pasó Redondo a habla con Don Gabriel y pedirle que alistara la goleta para ir a Jamaica en busca de las armas y pólvora que ellos y el señor Benito necesitaban para poder combatir al invasor inglés.

Ahora en lo que en la hacienda de Paso Redondo el grupo de Ismael, Gabriel y los negros cimarrones capitaneados por Andrés se preparan para viajar a Jamaica, vamos nosotros el lector y yo a ir al Valle de Yumuri a ver como le ha ido al señor Benito y su grupo y como a evolucionado su herida

CAPÍTULO 17

YUMURI I

Antes de que la ciudad de San Cristóbal de la Habana cayera en manos del conde Albemarle, el capitán de milicia Don Benito Moreno García decidió abandonar la plaza con sus fieles esclavos Lázaro, Margarita, Bárbaro y Jose Maria, el señor Don Benito había comprado 6 caballos y 4 mulas, y Don Benito con trabajo y dolor montó su caballo y seguido por sus hombres salió rumbo al Valle de Yumuri, donde el grupo se refugiaba a esperar que la herida de Don Benito sanara, para volver a emprender la lucha guerrillera la lucha de los que nunca se rinden, la lucha de un poco contra muchos, la lucha de David contra Goliat.

La caravana de Don Benito, como ya les he dicho, salió de la ciudad antes que ella cayera en manos inglesas, los 6 caballos con sus jinetes y 4 mulas con la impedimenta cabalgaron paralelo a la costa norte de la isla, evitando un encuentro con una patrulla inglesa llegaron al río Bacunayagua y allí tomaron rumbo sur hacia la finca Argenteros propiedad de un hermano masón de Don Benito en el Valle de Yumuri.

Don Benito, que era un criollo con un sentimiento muy español, tan pronto el grupo estuvo instalado en un bohío construido en la espesura del monte, a un kilómetro de la casa principal de la finca Armen tero, una finca productora de frutos menores y caña de azúcar con cría de ganado mayor y menor.

La finca Armen tero administrado por el señor Gonzalo Álvarez, un criollo que vivía en la finca con sus hijos Juanito y Aldo, en una casa de madera y techo de tejas de canal o tejas llamadas españolas, estaba esta casa rodeada de los bohíos donde vivían la dotación de los 6 esclavos y 7 esclavas una de las cuales era concubina del señor Gonzalo porque Don Gonzalo era viudo.

Era Don Gonzalo Álvarez, un hombre de 40 años muy fuerte y duro para el trabajo del campo, era un hombre de total confianza del dueño de la finca, el amigo de logia Masónica de Don Benito Moreno García, del que sabremos el nombre más adelante.

Tan pronto Don Benito llegó a la finca Armen teros, escribió la carta que Gabriel había recibido y la mandó con uno de sus fieles esclavos, Margarita, frente a él Gonzalo se dirigió a Don Benito.

- Don Felipe me alertó de su llegada, y me pidió que lo apoyara en todo y que me preocupara de su herida en la pierna.
- Ya casi estoy curado por suerte, no fue muy grave, solo fue un fragmento de una bala de canon, como usted sabe el criminal conde de Albemarle para hacer rendir la ciudad la bombardeó indiscriminadamente matando inocentes civiles, entre ellos mujeres y niños.

- Usted va a reposar tranquilamente aquí hasta que los ingleses se retiren de la Habana aquí o va a ir con su familia a la hacienda Paso Redondo, en Batabanó.
- ni lo primero ni lo segundo Don Gonzalo, me voy a quedar aquí para hostigar a todo inglés que quiera salir de la Ciudad
- Entonces van a hacer ustedes una lucha guerrillera - le preguntó Gonzalo.
- Por lo menos esa es mi idea - le respondió Don Benito.
- Don Benito, para poder hacer eso ustedes van a necesitar armas y pólvora - Don Benito sonrió y le contestó a Gonzalo.
- No se preocupe usted por eso Don Gonzalo, que armas y pólvora vamos a tener, porque según dijo uno de los grandes militares de la historia, el General Francés Napoleón Bonaparte, la guerra se gana con dinero, dinero y dinero y nosotros lo tenemos y además en los polvorines de la ciudad los ingleses tienen mucha pólvora y allí nosotros se las vamos a robar - Gonzalo miró a Don Benito, se rascó la cabeza y le dijo.
- Tiene que tener mucho cuidado Don Benito, si los ingleses lo capturan en ese trance no van a dudar ni un momento y sin tener en cuenta su edad lo van a fusilar.

Benito Moreno se santiguó y le contestó a Don Gonzalo
- Señor, tenemos de dos o peleamos o nos resignamos a ser esclavos de los ingleses, y yo prefiero morir peleando.
- Bueno señor, le voy a mandar una esclava para que le cocine y le lave la ropa, quiere usted que le mande a construir otro bohío para que vivan en él los negros.
- Por el momento no es necesario Don Gonzalo aquí podemos vivir todos, lo que sí le voy a agradecer es que la esclava que me mande sea vieja y fea - Don Gonzalo se sonrió y le preguntó a Don Benito

- Vieja y fea, y porque quiere una esclava vieja y fea - Benito, no dudo un momento la respuesta.
- Señor, aquí vamos a vivir muchos hombres y la tentación es mala consejera.
- Don Benito le voy a tratar de complacer en eso, pero no le garantizo nada, porque casi todas mis esclavas son jóvenes y bonitas, la única esclava vieja y fea me cocina a mí y a mis hijos, recuerda que tengo dos hijos varones y como usted dice la tentación es mala consejera - terminando de decir este Don Gonzalo se puso de pie y salió, montó su caballo y salió al galope pasa su casa a mandar a Roció para que sirviera a Don Benito, era esta Roció una mujer de 40 años de edad, de muy buen ver, el lector no debe olvidar que Don Benito era ya un hombre de 60 años y padecía del mismo vicio que su amigo Don Felipe, y como dice el sabio y viejo refrán, el zorro pierde el pelo no las manas.
- Ahora, en lo que Don Benito se recupera de sus heridas y organiza su guerrilla con la que planea combatir al invasor inglés, vamos a regresar a la hacienda Paso Redondo, en Batabanó para ver como van los preparativos del viaje a la isla de Jamaica, una noche durante la cena, Don Gabriel se dirigió a Dona Teresa y le dijo
- Doña Teresa, su esposo, está muy necesitado de armas y pólvora para poder combatir e Ismael tiene la posibilidad de comprar las armas y la pólvora en la vecina isla de Jamaica.
- Pero según yo se está isla, está llena de negros cimarrones - le contesto Dona Teresa a su administrador y este le contesto.
- Es exactamente con ellos con quien vamos a negociar.
- Pero ese es un negocio muy peligroso - le contestó la urraca de Dona Laura - y su hermana hizo un gesto de cabeza apoyándola.
- Claro Dona Laura que es muy peligrosa.

CAPÍTULO 18

EL VIAJE II

Negociar con negros cimarrones en Jamaica, pero tanto nosotros como Don Benito necesitamos armas y polvora y que yo sepa los padres del convento Franciscano no venden armas de contrabando - le contesto Don Gabriel.

- Y como es que Ismael que es supuestamente un sacristán, tiene ese tipo de amistad - le preguntó Dona Laura, que aunque era incapaz de hacer nada se metia en todo.
- Yo no puedo divulgar eso porque es un secreto, pero lo que les puedo decir es que si vamos a Jamaica yo voy a comprar las armas y la pólvora que nosotros y Don Benito necesitamos - le contestó Ismael.
- Y quienes van a ir a comprar las armas - le preguntó Dona Teresa.
- El negro Francisco, el negro Tranquilino, Ismael y yo le contesto Gabriel a Dona Teresa, Merida que escuchaba se sonrio.
- De que te ries niña - le preguntó Dona Laura a su sobrina, pero la muchacha no le respondió fue su madre Dona Teresa la que dijo.

- Seguro que ella está pensando alguna locura, pero Doña Teresa sin hacer caso a la sonrisa de Mérida continuó con otra pregunta - y cuando se supone que van a salir para Jamaica.
- Tan pronto tengamos habilitada la goleta y la mercancía que vamos a cambiar por las armas y la pólvora - le contestó Gabriel.
- Y que le van a llevar a los negros cimarrones jamaiquinos para dar a cambio de la polvora y las armas - volvio a preguntar Dona Teresa - Ismael no dudo y le contesto.
- Le vamos a llevar aguardiente de caña, tabaco y carne salada - se hizo silencio roto por un comentario de Dona Laura.
- Alrededor de esa isla deben de haber naves inglesas, ustedes no tienen miedo de perder su goleta.
- Claro Dona Laura, estamos en guerra y en la guerra siempre hay que tener riesgo - le respondió Ismael, Gabriel cansado de las impertinencias de Dona Laura no se pudo contener y le dijo con ironía.
- Bueno señora Laura si usted prefiere nosotros suspendemos el viaje a Jamaica y le compramos las armas y la pólvora a los padres Franciscanos del convento de Jesús Del Monte.
- Me voy a dormir - dijo Laura, y agregó uno quiere ayudar y mira la respuesta que le dan.
- Yo me voy contigo hermana - dijo Leticia, como ya había terminado de comer todo el grupo abandonó el comedor, ya a solas en el el portal de la casona Ismael y Gabriel el administrador le dijo a Ismael.
- Te considero buenas tias te han tocado - el muchacho se sonrió de la ocurrencia del administrador y le contestó.
- Todo es así señor, toda mujer trae debajo del brazo un paquete de cosas buenas y otro paquete de cosas malas, hay que cargar con

los dos paquetes, mire el caso de mi padre disfrutó la juventud de
mi madre y ahora está sufriendo la vejez de él

- Y quién es tu padre - le preguntó Gabriel, - Ismael comprendió que
había cometido una indiscreción y le contestó al administrador.

- Mi padre es un viejo muy prepotente al que yo quiero mucho -
dicho esto Ismael se fue a dormir, pero tan pronto amaneció fue a
ver a Francisco y lo encontró tomando café.

- Viene su merced a tomar café - le preguntó Francisco a Ismael.

- Si vengo a tomar café pero también vengo a hablar contigo -
Francisco le entregó a Ismael una jícara con café y le dijo.

- Bueno dime lo que me quieres decir que has venido tan temprano

- Francisco ve a hablar con Belén para que nos lleve a ver a Andres
porque tan pronto estemos listos nos vamos para Jamaica.

- Déjeme su merced terminar mi café y me voy para aya - Francisco
terminó su café y salió para el bohío de la negra Belén que al verlo
entrar le dijo.

- Muy temprano viene su merced a visitarme - Francisco no perdió
tiempo y le dijo.

- Tengo que hablar con el negro Andres, tengo que hablar con mi
ecobio - Belen se sonrio y le contesto.

- Esta bien negro, hoy vamod a ver a tu ecobio, pero esta vez me vas
a tener que pagar el favor - y diciendo esto tomo de la mano a
Francisco y lo llevo a su cama, como ya les he dicho que no soy
bueno para describir este tipo de relacion, el lector temdra que
imaginarce como fue que Francisco le pago a Belen el favor,
consumado el hecho, Francisco se vistio con apuro y le pregunto
a Belen - estas complacida.

- Si mi negro - le respondio la mujer.

- Pues ahora cumple tu parte del trato - y diciendo esto salió del
bohio de Belén, esa misma noche en el claro de la manigua donde

habían hablado antes Francisco e Ismael se encontraban con Andres y su grupo, después del saludo de rigor que hacen los miembros de la sociedad evacua, Andres tomó la palabra y le preguntó a su ecobio.

- Que noticias nuevas nos trae el hermano Francisco.
- Las noticias son buenas y malas - le dijo Francisco a su ecobio Andres.
- Dime primero la mala - le contestó Andres.
- Los ingleses tomaron la Habana y mi amo Benito está herido.
- Eso de la toma de la Habana ya lo sabía yo - le contesto Andres y después le pregunto.
- Ahora dame la buena noticia.
- El amo Benito se está recuperando y necesita armas y pólvora para continuar la lucha, si tú y tu gente nos ayuda y te unes a nosotros van a lograr tu libertad - Andrés no dudó y le respondió a su escobio
- Ya hablamos de eso mi escobio y yo te dije que peleamos con ustedes, mis hermanos cimarrones en Jamaica llevan muchos años peleando también contra los ingleses y el negro Andres y sus amigos van a pelear aquí junto a ti.
- Pero para pelear tenemos que ir a Jamaica a negociar las armas y la pólvora, porque a mano limpia no podemos pelear, le dijo Ismael.
- Nosotros estamos listos - le respondió Andrés.
- Quien de ustedes va a ir a Jamaica con nosotros - le preguntó Francisco a su escobio.
- Yo y Miguel - le contestó Andrés y agrego.
- Y o y Miguel lo vamos a esperar afuera en una chalupa, no lejos de la salida al este del surgidero, en la punta del Cangrejo, el administrador de la Hacienda donde ustedes están conoce el

lugar, mándame la razón del día y la hora con la negra Belén, traigan a la negra Ramona con ustedes para que nos cocine y nos haga brujería, y que los orichas estén con nosotros.

Terminada la entrevista, Ismael y Francisco hablaron esa misma noche con Don Gabriel y le informaron de su entrevista con Andrés, antes de continuar la historia yo creo oportuno darle al lector una brevísima historia geográfica de la isla de Jamaica, teniendo en cuenta que una novela es además de una historia de ficción una narración en prosa de considerable extensión, cuyo interés estriba en la descripción de una aventura, el estudio de costumbres o de caracteres y el análisis de sentimientos o de acciones y una oportunidad didáctica para el lector.

JAMAICA 11425 km , con una población de dos millones y medio de habitantes de mayoría negra, la capital la ciudad de Kingston, lengua inglesa, moneda dólar jamaiquino, economía agrícola.

Historia, la isla fue descubierta por el gran almirante de la mar océano Cristóbal Colón en 1494, fue colonizada por Juan Esquibel conquistador espanol, la corona española abandona la isla en el año de 1655, que se convirtió en un refugio de negros cimarrones, los ingleses la ocuparon y combatieron por largos anos a los cimarrones para poder someterlos inglaterra en el ano de 1833 abolio la esclavitud.

Geografía, Jamaica se encuentra situada en el mar Caribe al sur de Cuba, de clima tropical, en parte montanas en las que se cultiva caña de azúcar, plátano, cítricos, especies y flores, Jamaica es también un gran productor de bauxita y de aluminio, la isla es también un importante polo turístico.

Ahora después de esta breve explicación histórica y geográfica continuo.

Esa noche después de terminar la cena y después de haber puntualizado la fecha de salida, fue Ismael el que se dirigió a Dona Teresa.

- Doña Teresa su administrador y yo decidimos ir a Jamaica en el menor tiempo posible, Don Gabriel recibió otra carta de Don Benito donde lo apremia por las armas y la pólvora.
- Y cómo llegó esa carta o nota, pues yo no he visto llegar ningún jinete - fue Gabriel el que le explico.
- Dona Teresa yo y el administrador de la finca donde está su esposo somos colombófilos.
- Colombófilo y que es eso - le preguntó la más despistadas de las hermanas de Dona Teresa la señorita Leticia - Ismael le explico.
- La colombofilia es la afición a la cría, adiestramiento y cuidado de palomas en especial de las palomas mensajeras.
- Entonces ahora estamos en comunicación con mi marido - dijo Dona Teresa
- No solo con su marido Dona Teresa, tenemos otros colombófilos dentro de la ciudad que nos dan información del movimiento de los ingleses - le contestó Gabriel a Dona Teresa y Laura tomó la palabra.
- Se dice que todas las noches a muchos kilómetros de la ciudad se puede escuchar una esplocion o un disparo de cañón a las 9 de la

noche, que significa eso - de nuevo Gabriel tomó la palabra para explicar.

- Por medio de mi amigo Juanito un colombófilo que vive en la ciudad, que los ingleses han instaurado un toque de queda para que nadie esté fuera de sus casas después de las 9 de la noche y disparan un cañonazo desde la altura de la Cabana con uno de los mismos cánones con que le disparaban al Morro como aviso.

- Los ingleses son expertos en el arte de la represión - le comentó a Ismael - de nuevo Dona Teresa toma la palabra.

- Bueno Don Gabriel si mi marido necesita las armas y la pólvora usted debe ir a Jamaica lo más pronto posible - de nuevo Mérida se sonrió, ya veremos después la razón de la muchacha por aquella sonrisa.

- Si Dona Teresa y Don Gabriel están de acuerdo, estamos perdiendo el tiempo y nos tenemos que ir ya - les dijo Ismael.

- Y con quién piensa usted ir a Jamaica - le preguntó Dona Teresa al administrador - Don Gabriel no tuvo que pensar mucho lo que tenía ya decidido y le contestó.

- Mi plan es llevar a su esclavo Francisco, Traquilino, Facundo, Ismael y la esclava Ramona para que nos cocine y yo Dona Teresa hizo un gesto de aprobación con la cabeza y después preguntó.

- Y cuando piensan salir.

- En dos días - le contestó Don Gabriel - Mérida volvió a sonreír, pero esta vez nadie lo noto, ni nadie la tuvo en cuenta ni Ismael, que desconocía que aquella sonrisa cambiaría el curso de su vida.

- Señor Gabriel, mande usted una paloma al señor Gonzalo, para que le informe a mi esposo de la gestión que estamos adelantando para tratar de resolver las armas y la pólvora que él nos pidió - le dijo Dona Teresa a su administrador.

- Ya la mande Dona Teresa y también le mande a Juanito y a los hermanos Quinteros que están en la Habana para que me den todo el informe que puedan sobre el movimiento de la marina inglesa.

Dos días después de esta conversación, la goleta Gaviota, con Don Gabriel de capitán, Ismael de piloto, Francisco, Traquilino, Andrés, Miguel, Facundo de marinero y Ramona de cocinera, ponía sur franco hacia Cayo Cantiles bordeando el mar con todo el velamen desplegado, la bodega de la goleta eslava llena de tabaco, aguardiente y carne salada con la que ellos tenían pensado negociar las armas y la pólvora con los cimarrones jamaiquinos, armas que ellos le habían arrebatado al ejército inglés que lo perseguía.

Con el timón de la goleta entre las manos, Ismael se dirigió a Don Gabriel y le preguntó.

- Capitán después de Cayo Cantiles y Cayo Largo, qué rumbo vamos a hacer.
- De Cayo Largo a Los Jardines de la Reina, hacemos Este Franco y Francisco, que estaba junto a ellos, le preguntó.
- Y si los orichas no nos dan su protección, y se nos viran los caracoles, tuviéramos un encuentro con una fragata inglesa que vamos a hacer.
- Primero tratar de escapar - dijo Don Gabriel, y después pelear con ellos, Ismael hizo una interesante pregunta.
- Usted cree que lo logremos hacer.
- Claro piloto, la Gaviota es la goleta más veloz que surca las aguas del mar Caribe.
- Eso es contando con el viento Don Gabriel - le respondió Francisco, Don Gabriel con una sonrisa le contestó

- Si no hay viento para nosotros, tampoco habrá viento para ellos, pero si el encuentro fuera inevitable, tendremos que pelear, para eso traemos culebrina y balas de cañón y pólvora.
- Y en un enfrentamiento con una fragata inglesa tendremos alguna posibilidad de victoria - le preguntó Ismael, Don Gabriel pensó la respuesta y le dijo.
- Si los logramos sorprender, yo creo que si, ellos nunca van a esperar una respuesta hostil de parte de una goleta inglesa.
- ¿Una goleta inglesa? - le preguntó Francisco, Don Gabriel no dudo la respuesta y le dijo.
- Si negro puede que tú no te has fijado, pero navegamos con bandera inglesa, pero vamos a confiar en la protección de Dios.
- Bueno, si hay que pelear pelearemos - le dijo Ismael y agregó - no nos vamos a dejar coger a sombrerazos y dirigiéndose a Francisco Don Gabriel le dijo.
- Ve con Ramona a la bodega de la goleta, y que ella escoja lo que necesita para darnos de comer - Francisco obedeció al capitán y junto a Ramona fueron a la bodega, y allí recibieron la primera sorpresa que les daría aquel viaje, porque dos minutos después volvían Ramona y Francisco, pero venían acompañados por un polizón, todos quedaron mudos ante la sorpresa, el primero en reaccionar fue Ismael que dirigiéndose al polizón le dijo.
- Qué hace usted aquí, señorita Mérida.
- La encontramos escondida en la bodega de la goleta - le dijo Ramona - la intrépida joven venía vestida como un hombre. Con pantalón marinero ancho, blusa también de marino, todo de hilo y un pañuelo alrededor del cuello, sus bellos cabellos los cubría un pañuelo negro, y los pies de la muchacha traían unas sandalias de cuero.

- La niña Mérida viene disfrazada de pirata, les dijo Francisco - todo el grupo se sonrió y aquella sonrisa puso un toque cómico a la nada, cómica travesura de la inquieta y audaz nieta de un lobo marino, Ismael para provocar a la mujer por él amada dijo.
- Capitán Don Gabriel tenemos que volver para llevar a su casa a esta aventurera niña.
- Mérida miró con una sonrisa a su enamorado y le dijo.
- Ismael tenemos el viento ahora de popa, si volvemos lo vamos a tener de proa y eso va a retrasar mucho el viaje.
- Esta traviesa niña tiene razón, pero lo voy a someter a votación - le dijo Don Gabriel.
- Perfecto - le respondió Mérida, Don Gabriel se dirigió a sus compañeros.
- Los que estén de acuerdo que Mérida nos acompañe que levanten la mano - Ramona le pregunta al capitán.
- Su merced me deja votar a mí también.
- Claro negra, aquí tú eres parte de la tripulación, lo puedes hacer, así que como les dije que levanten la mano los que estén de acuerdo que Mérida nos acompañe.
- Francisco y Ramona si - el capitán miró a Ismael y le preguntó.
- Y tú Ismael que dices.
- Yo también estoy de acuerdo - le contestó el muchacho - Mérida lo miró con una sonrisa y le dijo.
- Gracias Ismael - Don Gabriel retomó la palabra.
- Señorita, en buena responsabilidad me ha metido usted, con su familia.
- Usted no tiene ninguna responsabilidad Don Gabriel, la decisión de venir fue mía, solo mía - el capitán ordenó
- Ramona acomoda a la niña Mérida en el camarote de proa y tú te acomodas en la litera a su lado, para que estés al tanto de servirla.

- Don Gabriel, está bien que me hospede usted en el camarote de proa, pero yo no voy a necesitar a nadie para que me sirva, yo aquí voy a ser parte de la tripulación, y le pido ser también piloto como lo es Ismael, yo gobierno tan bien como él, y eso usted lo sabe muy bien.
- También como yo no lo creo - le dijo Ismael con una sonrisa que decía todo lo alegre que él estaba con la compañía de la muchacha, Francisco y Don Gabriel intercambiaron miradas porque los dos hombres sabían lo mismo Mérida que Ismael sentían
-

El amor es algo así como el fuego: suelen ver antes el humo los que están fuera que las llamas los que están dentro.

Jacinto Benavente

Podrá nublarse el sol eternamente
Podrá secarse en un instante el mar
Podrá romperse el eje de la tierra
Como un débil cristal, todo sucederá
Podrá la muerte cubrir con su fúnebre crespón
Pero jamás en mí podrá apagarse
La llama de tu amor.

Gustavo Adolfo Bécquer

Me pides que la olvide
Sabes tú lo que me pides
Mira si Dios me lo pide

A Dios le digo que no
Y si en castigo a mi blasfemia
Impía me la quita
Velos me suicido subo al cielo
Y se la quitó a Dios

Gustavo Adolfo Bécquer

Tal como lo había decidido Don Gabriel, la niña Mérida fue acomodada en el camarote de proa, un camarote con su sanitario propio y la negra Ramona que a no ser por la presencia de Mérida en la goleta hubiera ido a parar al suelo con una colchoneta como los demás fue acomodada en una litera junto al camarote de proa.

El resto de la tripulación se conformó con dormir en el piso, los turnos al timón gracias a la presencia de Mérida se dividieron en turnos de 4 horas, prima, madona y amanecer de 6.00 pm, Mérida y Francisco de 10.00 pm a 2.00 am Don Gabriel, y el negro Facundo y de 2.00 am a 6.00 Ismael y Traquilino, a Ramona se le dejó la labor de cocinera y chaperón de Mérida, ya Francisco le había pedido a Ismael que controlara sus sentimientos y se mantuviera lejos de la muchacha.

He dedicado mucho espacio y tiempo a la ética para al final darme cuenta de que todo se reduce a tres virtudes, coraje para vivir, generosidad para convivir y prudencia para sobrevivir.

Fernando Squatter

Amaneció al tercer día del viaje, nada extraordinario había pasado, todos dormían en lo que Ismael con Traquilino a su lado sostenía el timón, el negro toco el hombro de Ismael y le dijo.

- Amito, tenemos una vela por la banda de estribor, el muchacho tomó el catalejo y miro al horizonte y le dijo al negro.
- Es una fragata de guerra y tiene bandera inglesa, ve y despierta a Don Gabriel, pero no crees alarma, Traquilino obedeció, pero al despertar a Don Gabriel también despertó a Francisco, los dos hombres subieron a cubierta y fueron al timón cuando Ismael tuvo a Don Gabriel frente a él le dijo.
- Capitán tenemos una desagradable visita, una fragata enemiga a 7 millas por estribor, Don Gabriel tomó el catalejo y verifico lo dicho por Ismael, vio en la banda de estribor el barco y en la banda de babor un banco de bruma y le dijo a sus compañeros.
- Tenemos que entrar en ese banco de brumas.
- Pero Don Gabriel no hay viento, hay calma chicha, no sé cómo vamos a poder llegar allá - le dijo Francisco.
- Ve y despierta a Facundo y al negro Andrés, después entre ustedes con el chapín a remo vamos a remolcar la goleta y a remo nos vamos a meter en el banco de bruma, después cuando tengamos viento cambiaremos el rumbo y nos metemos dentro de la cayería - más había tardado Don Gabriel en dar la orden que los negros cumplirla, ellos sabían que no solo la vida de los blancos estaba en juego la de ellos también, amarraron la goleta al bote por un cabo y comenzaron a remar hacia el banco de la niebla, la fragata inglesa se fue perdiendo en el horizonte y 6 horas después el velero entro en el banco de niebla rumbo a la cayería y ya fuera de peligro por el momento Don Gabriel ordeno.

- Francisco quédate con Traquilino y Facundo en el bote, yo con Ismael voy a colocar las culebrinas listas para la batalla, si la fragata inglesa vuelve a aparecer de nuevo, le vamos a dar una gran sorpresa.
- Qué es lo que vamos a hacer Don Gabriel - le preguntó Facundo - Don Gabriel no dudo y le respondió con algo que se necesita para vencer, le contestó con fe.
- Los vamos a hundir, con mucha fe.

En el tiempo que Francisco, Traquilino y Facundo habían arrastrado el velero al banco de bruma y después a la cayería de los Jardines de la Reina, en la goleta Don Gabriel con la ayuda de Ramona y Mérida habían colocado las culebrinas en las escotillas de las bandas en posición de disparar, pasaron el día al pairo entre la cayería, cayó la noche una noche de poca luna - Don Gabriel formó varias parejas de guardia, él y Francisco, Traquilino y Facundo, Ismael y Andrés, amaneció la bruma se disipó y comenzó a soplar el viento del noroeste un viento muy favorable para seguir navegando hacia la isla de Jamaica, desde la punta este de la cayería, Don Gabriel como capitán corrige el rumbo y puso 180 grados hacia la punta oeste de la Isla, con un viento de popa la Gaviota volaba entre las olas del mar Caribe, navegaron todo el día y toda la noche y amaneciendo tuvieron a la vista las montañas de Jamaica, Gabriel llamó a Facundo y le ordenó.

- Dile a Andrés y a Miguel que vengan junto al timón, que ya es hora que él los nos dirijan, - cumpliendo la orden dada por Don Gabriel Facundo llamó a los cimarrones que en breves minutos estaban junto al timón, sin ninguna duda Andrés indicó a Don Gabriel que había tomado el Timón.

- Su merced debe ir hacia aquella montaña, junto a ella desemboca un río, por el río corriente arriba está el palenque de los negros mandingas, allí debemos ir a un kilómetro de la desembocadura está el palenque - Don Gabriel ordeno.
- Tiren el ancla, Francisco, Andrés y Miguel irán al palenque en el botecito y hablarán con los cimarrones amigos de Andrés, le dirán lo que traemos y lo que necesitamos y cómo vamos a hacer el trueque, le dicen que si todo sale bien nosotros vamos a volver para hacer más negocios.

Cumpliendo con la orden dada por Don Gabriel, Francisco, Andrés y Miguel abordaron la chalupa y remaron hacia la desembocadura del río, llegando a ella dos cayucos salieron del río hacia ellos y desde la goleta sus tripulantes vieron como las tres pequeñas embarcaciones tomaban río adentro, todos en la goleta respiraron tranquilidad, Ismael había tomado el catalejo y vigilaba todos los movimientos de los tres botes y comento.

- Parece que todo marcha bien por el momento - Don Gabriel tomó la palabra y dijo.
- Si como ha dicho Ismael todo parece ir bien, pero de todas maneras tengan listas las culebrinas - tres culebrinas asomaban por las escotillas de babor y tres culebrinas por la escotilla de estribor, las 6 culebrinas con sus mortificas cargas de plomo y tras ellas Ismael, Mérida, Ramona y Don Gabriel con las antorchas en las manos esperaban.

Al hombre sabio le son más útiles sus enemigos que al necio sus amigos, dijo

Baltasar Gracion Morales

Caía la tarde y el pequeño bote había regresado y amarro en la banda de la goleta, y saltaron a la cubierta de la embarcación cinco hombres y una mujer, los hombres eran Francisco, Andrés y Miguel que venían acompañados por dos negros u una mulata joven y de una gran belleza, Francisco se encargó de hacer la presentación y señalando al negro más viejo les dijo este es Chaka es el jefe del palenque, después señaló al otro negro, este es Kimbo su segundo y la muchacha es Sin ka nieta de Chaka, era evidente que Sin ka tenía un padre blanco, Gabriel tomo la palabra y le dijo a Andrés que tradujera porque era de entender que ninguno de los tres cimarrones hablara español.

- Andrés dile a la visita que sería un gran honor para nosotros que nos acompañen a cenar, allí podemos hablar de negocios - sorprendiendo a todos Sin ka tomó la palabra y le contestó a Don Gabriel en perfecto español.
- El honor es nuestro su merced, mi abuelo no habla español, pero yo si, y soy la que me voy a entender con ustedes - ya sentados en la mesa del comedor de la goleta fue Ismael el que tomó la palabra.
- Tenemos tabaco, aguardiente y carne salada y necesitamos mosquetes, sables y pólvora y queremos hacer un negocio justo - Sin ka se dirigió a él.
- Después de cenar yo me quedo aquí y su merced va a ir al palenque en lo que hacemos el cambio, yo voy a ser la garantía de ustedes y su merced la garantía de nosotros.
- No, él se queda aquí, el que va a ir a tierra, soy yo le dijo Don Gabriel - el capitán sabía lo que estaba haciendo, el miedo es natural en el prudente y saberlo vencer es ser valiente.

CAPÍTULO 19

EL NEGOCIO

Desde que había abordado la goleta Sin ka había quedado impresionada por Ismael, pero en honor a la verdad, el muchacho no tenía ojos más que para Mérida.

Todo en el amor es triste, más triste y todo es lo mejor que en el mundo existe.

Como ninguna de las dos partes tenían mala fe, los cimarrones del palenque lúcuma le entregaron 20 mosquetes y 4 toneles de pólvora, todo este material de guerra arrebatado en combate al ejército inglés.

Los cimarrones recibieron 25 toneles de aguardiente de caña, 20 arrobas de hojas de tabaco y 25 quintales de carne salada, después de terminado el trueque, vino una despedida en la que Sin ka fue directo a Ismael.

- Cuando su merced nos va a volver a visitar - Ismael la miró con simpatía.

- Cuando mi Dios y tus orishas me den licencia, porque ahora vamos a la guerra y en ella puedo morir.
- Que los orichas no permitan que eso suceda - le contestó Sin ka, despúes abordó su cayuco y se fue alejando de la goleta bajo la mirada celosa de Mérida, la negra Ramona se pegó a Mérida y con voz baja le dijo.
- Espabílate niña que le van a comer el bocado, aproveche la oportunidad que el que da el golpe delante le da doble, Mérida medito lo dicho por la esclava y le respondió.
- Tiene mucha razón Ramona, solo los apasionados llevan a cabo cosas verdaderas.
- La goleta emprendió el regreso a Cuba, todo el grupo estaba contento, aunque ellos sabían que debían emprender un camino lleno de peligros, porque el capitán de la fragata inglesa no había perdido la esperanza de volver a tropezar con ellos, con Ismael al timón, este le preguntó a Gabriel.
- Rumbo Capitán.
- Noroeste 320 grados - le contestó Don Gabriel y agregó - vamos a dejar esperando al capitán de la fragata inglesa, vamos a navegar rumbo Sur de la Isla del tesoro, lo que llevamos es demasiado importante para ponerlo en riesgo - Ismael aprobó lo dicho por Gabriel con un gesto de cabeza él no tenía ningún apuro en volver, él con el timón en las manos Don Gabriel a su derecha y Mérida a su izquierda era completamente feliz.

El hombre debe tener siempre más dignidad que miedo.

Mientras Ismael gobernaba, Mérida gozaba a su lado y soñaba con estar con él, aquella noche el hombre propuso y la mujer dispuso, porque la muchacha sabía que si llegaba a Cuba sin haber probado el amor en los brazos de Ismael, difícilmente tendría otra oportunidad, y también sabía que si su locura le costaba un exilio en España o en el mejor de los casos en el central azucarero de su padre en San Cristóbal al Sur de la Cordillera de los Órganos habrá valido la pena el viaje.

Mérida era apasionada y valiente y pensaba que el hombre de idea descubre la verdad de la vida, pero quien goza de esas verdades y las utiliza es el hombre de acción, y ella, por lo menos con el pretexto de ver la brújula, pego su cuerpo al cuerpo de Ismael, el muchacho sintió que un calambre lo recorría de pie a cabeza. Ismael tomó el timón solo con la mano derecha y dejó caer la izquierda con la que rozó los dedos de Mérida; para los enamorados un roce de dedos es una caricia, ellos se comunican con el canto de los pájaros, el perfume de las flores, el llegar de la primavera, el mensaje había sido recibido y como decía mi amigo Traquilino Fariño, cuando te toca aunque te quites, que cuando no te toca aunque te pongas, la oportunidad de Ismael y Mérida había llegado, Gabriel se dirigió a Ismael y le dijo.

- Ismael mantén el rumbo, voy a ir a la bodega a revisar la carga y ver si todo está en orden - Tan pronto Don Gabriel estuvo lejos, Ismael decidió tomar el toro por los cuernos, era su estilo de vivir y como dice el poema de Merlín Fierro.

En la cruzada hay peligro
Pero ninguno me aterra
Yo cruzo sobre la tierra
Empujada por mi destino
Y si yo erré el camino
No soy el primero que erro

- Voy a ir esta noche por tu camarote, cuando todos duerman, deja la puerta abierta.
- Y que voy a hacer con la negra Ramona le preguntó Mérida.
- No te preocupes por Ramona, ella nos comprende y nos apana - le respondió Ismael a su amada.
- No te hagas muchas ilusiones, pero ve - le contestó la muchacha.

No creo que sea necesario contar al querido lector lo que sucedió aquella noche, lo que yo como el lector hemos hecho tantas veces, y si mi querido lector no lo ha hecho ha perdido lo mejor de la vida, solo les puede decir que Mérida tuvo que ahogar sus gemidos mordiendo la mano de Ismael para no despertar a Ramona, y como diría el general romano Julio César al pasar el Río Rubicón, para ellos dos ya la suerte estaba echada, porque dentro de Mérida se podría haber gestado la vida del futuro heredero de los señores Benito Moreno y Felipe Fonseca, pero vamos a volver a la esencia del relato que es la historia de una aventura.

Don Gabriel había considerado que de volver por donde habían venido la posibilidad de chocar con la fragata inglesa sería muy alta y había decidido tomar otro camino más largo, pero más seguro, tomó rumbo hacia la Isla Caimán y desde allí rumbo norte y pasar al Este de la Isla de Pino.

Está por descontado que Ramona había decidido ser la celestina de Mérida y días después, mientras la muchacha descansaba, entró en su camarote y le dijo.

- Su merced quiere que le tire los caracoles para ver qué dicen los orichas de su futuro - el futuro es algo que todos queremos conocer y Mérida le respondió.
- Está bien Ramona tira tus caracoles a ver que dicen de mi futuro - la negra Ramona fue a su litera y trajo una estera y una bolsa de cuero llena de caracoles, tiro la estera en el piso, saco de la bolsa los caracoles hizo una reverencia y varios rezos y tiro los caracoles sobre la estera, los caracoles cayeron unos de una manera y otros de otra, Ramona miró los caracoles detenidamente, la ansiedad ganó a Mérida que le pregunto a la negra santera.
- Dime Ramona qué dicen tus Dioses de mi vida.
- Los orishas dicen que su merced va a ser muy feliz, pero para lograr esa felicidad vas a tener que ser muy valiente y luchar contra mucha gente.
- Y quienes dicen los orichas que van a ser esa gente - le preguntó Mérida.
- Lo que se sabe no se pregunta niña - le contestó Ramona.
- Gente de mi familia - volvió a preguntar a Mérida y Ramona le contestó.
- Si niña gente de su familia - Ramona y Mérida sintieron pasos, y la negra Ramona con la rapidez de un rayo escondió la estera y los caracoles, se escuchó la voz de Don Gabriel.
- Ramona deja a la niña Mérida tranquila y no le metas en la cabeza tus supersticiones, y ve a preparar la cena.
- La cena ya esta lista Don Gabriel - le contestó la cocinera.

Tras tres días de navegación, en la que tuvieron que enfrentar hasta una tormenta, Ismael, que sostenía el timón, vio frente a él, la costa Occidental de la Isla de Pinos, Don Gabriel fue junto a él y le dijo.

- Corrige el rumbo un poco más al este, pon en el compás 330 grados, que creo que por esta vez la libramos, ahora tenemos que ver cómo le hacemos llegar a Don Benito, los mosquetes y la pólvora.

- De eso no se preocupe capitán que de eso nos vamos a encargar Ismael y yo - le dijo Francisco que estaba junto a ellos, un día después de esta conversación la Gaviota atracaba en el muelle del surgidero de Batabanó, la goleta fue recibida en el muelle por varios esclavos que estaban allí, Don Gabriel dio la orden.

- Enganchen dos mulas a una carreta para llevar lo que hemos a la finca Paso Redondo, - una hora después la carreta estaba frente al gran portalón de la casa; Dona Teresa y sus hermanas Laura y Leticia, sus hijas Mirian y Mirta salieron a recibir a los viajeros, las lágrimas corrieron por las mejillas de todas las mujeres blancas y de las esclavas negras también.

- Dios ha permitido que todo saliera bien - dijo Dona Teresa y estrechó entre sus brazos a Mérida, después la separó de ella y le dijo.

- Sabes que tenemos que hablar muy seriamente.

- Si madre lo sé y estoy dispuesta a recibir su justo regaño, pero recuerde lo que dice la santa palabra sobre lo justo.

- No solo un regaño, tu acción va a tener consecuencias - le dijo Dona Laura, que como siempre no ayudaba en nada y lo criticaba todo, si todos los cubanos y españoles de la isla hubieran sido como ella, los ingleses se habían quedado con Cuba, Dona Teresa tomó la palabra y le preguntó a Don Gabriel.

- Lograron traer lo que Don Benito está esperando.

- Claro Dona, lo trajimos todo y dejamos las puertas abiertas por si hay que ir por más, ahora mismo voy a enviar una paloma mensajera para darle la buena noticia a su esposo.

- Y quien se va a encargar de llevarla al Valle de Yumuri - preguntó Dona Teresa.

- Yo, señora Teresa - le respondió Ismael.

- Pero ya has hecho bastante, y eso es un viaje muy arriesgado - Ismael sabía que ahora más que nunca le convenía ganar méritos con sus futuros suegros.

CAPÍTULO 20

YUMURI II

- Si Dona Teresa ese es un viaje muy arriesgado y por eso voy a ir yo.
- Hay que preparar una carreta con dos buenas mulas - le dijo Dona Teresa.
- No, Doña Teresa, lo que vamos a llevar, lo vamos a llevar a lomo de mulas, todas las armas, la pólvora e impedimenta va a ir a lomo de mula - le contestó Ismael - y agrego - el camino es muy agreste entre monte y riachuelos y una carreta no va a llegar allá.
- Y quienes van a ir contigo - le preguntó Dona Teresa, Ismael le contestó.
- Francisco, Traquilino, Facundo, Andrés, Manuel y yo.
- Y quienes son esos dos nuevos personajes, el tal Miguel y el tal Andrés - preguntó Laura.
- Son negros que luchan contra el invasor inglés y según, el decreto del gobernador, todo negro que luche contra el invasor será premiado con su libertad - le contesto Ismael a su futura tía política, teniendo en cuenta que las amistades las podemos escoger a la familia no.

- Dos días después salían de la finca Paso Redondo hacia el Valle del Yumuri, Ismael, Francisco, Traquilino, Facundo, Andrés y Miguel, montados en briosos corceles y alzando cuatro mulas donde llevaban a Don Benito 10 mosquetes y dos barriles de pólvora.

Ismael conocería a su futuro suegro, que por coincidencia del destino era hermano de logia Masónica de Don Felipe Fonseca Hong el amo y padre de Ismael.

La caravana era guiada por Andrés y Miguel, rompiendo monte, caminaban rumbo al noroeste, pasaron cerca del poblado de Güines y del caserío de Madruga y llegaron a las alturas de la Habana, donde se encontraba la finca Ármentenos, administrada por Don Gonzalo Álvarez, llegando la caravana fue detenida por Lázaro y Jose Maria que después de la previa identificación los condujeron al bohío donde los esperaba el capitán de milicia ahora Jefe del Grupo Guerrillero - tan pronto Ismael estuvo frente a Don Benito le dijo.

- Don Benito le hemos traído 10 mosquetes y un barril de pólvora - Benito miró a Ismael y le dijo.
- Tú eres el hijo de mi hermano Felipe - y agregó - somos hermanos de la misma logia Masónica.
- Si Don Benito, Don Felipe Fonseca es mi amo.
- Tu amo y tu padre - le contestó Benito, pero Ismael le contestó.
- Por ahora amo Don Benito, padre, va a ser cuando él me reconozca como hijo - Don Benito no le dio importancia lo dicho por Ismael y le contestó.
- Tu padre ha estado muy preocupado por ti desde que te escapaste de su hacienda, pero ya lo puse al corriente de que estabas en mi

finca Paso Redondo, ahora está más tranquilo, lo que él ni yo nos explicamos cómo fue que fuiste a parar allí.

- Los caminos de Dios son muchos e impredecible Don Benito - le respondió Ismael.

- Si Ismael por lo que me han contado tu padre debe estar muy orgulloso de ti, pero en fin te tenemos aquí y ahora vamos a ver lo que trajiste.

- Le hemos traído 10 mosquetes y un barril de pólvora - le contestó Francisco.

- por ahora está bien, pero vamos a necesitar más - le contestó Don Benito.

- Pues entonces hay que ir por más - dijo Ismael.

- Tu padre me va a mandar 10 mil pesos en oro, hay que ir por ellos - se hizo silencio roto por Francisco que le dijo a su amo.

- Don Felipe me conoce a mí, podemos ir Traquilino y yo por ellos.

- Está bien negro, descansen y después van por el dinero, que nos va a servir para comprar más armas, yo me voy a quedar aquí con Ismael, tengo que hablar mucho con él, quiero que me cuente primero por qué escapo de la hacienda de su padre y después como le fue en el viaje a Jamaica con mi y mi niña de mis ojos mi niña Mérida - las palabras de Don Benito estremecieron a Ismael, pero manteniéndose sereno le dijo.

- Si Don Benito en lo que Francisco va a ver a mi amo y le trae a usted el oro que le va a mandar, yo le voy a contar todo lo que usted quiere saber - Don Benito miró al joven con cariño y le dijo.

- De verdad Ismael, que me lo vas a contar todo, todo.

- Si Don Benito se lo voy a contar todo, todo, si algo yo heredé de mi amo es el valor, yo soy muy valiente - Ismael sabía que lo de contarlo todo, él no tendría el valor de contarlo.

- Tú admiras mucho a tu padre - le preguntó Benito a Ismael.

- Si Don Benito lo admiro y lo quiero mi amo es un ídolo para mí - Don Benito le contestó.
- Puede que tú no lo sepas, pero está orgulloso de ti - Ismael tomó la palabra.
- Mire Don Benito, como usted debe saber mi amo Don Felipe es un hombre que ya cuenta con más de 70 años y aunque todavía es un hombre muy fuerte, los años no pasan en vano y mi madre no tiene ojos más que para mi amo, él la cela mucho, como usted sabe Don Benito mi madre es una negra muy hermosa e inevitablemente a todos los negros de la dotación se le va la vista tras ella, la vista es un sentido muy indiscreto y muy difícil de controlar.
- Ya entiendo - le dijo Benito - Ismael continuó.
- Mi padre acuso a un negro de haber mirado a mi madre irrespetuosamente y lo condeno a darle unos latigazos, mi madre desde que murió el ama Estrella se ha considerado con derecho de mujer con mi amo, y a veces se le olvida que es esclava, y como ella consideró que mi padre había cometido una injusticia, le fue a reclamar, mi amo se puso más celoso - Don Benito interrumpió a Ismael, con una pregunta válida - y no tendría tu padre razón, no con tu madre clara con el esclavo.
- No, Don Benito, ni ese negro ni ninguno se atrevería a hacer algo así, como dice mi abuelo Francisco, el papa de mi madre, el cochino sabe del palo que se rasca.
- Está bien sigue la historia - le pidió Don Benito a Ismael.
- Mi mamá le reclamó la injusticia a mi amo y como le digo, él se puso más celoso aun y colmó los celos llegando a discutir con ella y en la discusión le dio con la fusta un golpe en la cara.
- Y tú saliste en defensa de tu madre - le preguntó Benito.

- Si Don Benito, pero solo le quite la fusta a mi padre y la tiré lejos; y después salí corriendo.
- Y cuando llegaste a la Habana y fuiste a pedir ayuda al padre Ramón en la catedral, y allí conociste a mi nuevo Julio.
- Pero Don Benito, usted conoce muy bien mi historia - le dijo Ismael.
- Debes de recordar que el mismo Francisco que Ramona son mis esclavos de confianza - el nombre de Ramona hizo estremecer a Ismael, y se preguntó qué había podido haber dicho Ramona, y le vino a la mente las palabras de Don Benito cuando le recalco, de verdad que me lo vas a contar todo, cuando uno tiene delito todos le parecen a uno guardia civil, Ismael recordó lo que le había dicho uno de sus maestros, la mentira puede ser dulce o amarga, pero no puede ser buena, la verdad puede ser dulce o amarga, pero no puede ser mala - Ismael continuo.
- En la catedral conocí a Julio y a Francisco y me fui con su familia a la hacienda Pasó Redondo para tener algún lugar donde ir - Don Benito interrumpió a Ismael y le dijo.
- Y también para proteger a mi familia.
- Claro que ese era mi deber Don Benito - le dijo Ismael, Don Benito tomó de nuevo la palabra y le preguntó al muchacho.
- Lo que todavía no me ha contado, nadie es como mi hija Mérida se enroló en el viaje -Ismael comprendió con aquella pregunta de Don Benito que en realidad no sabía nada de su relación con Mérida y que el viejo y astuto capitán de milicia solo le estaba tratando de interrogar, Ismael comprendió que no siempre es bueno declararse culpable antes de tiempo y le dijo a Don Benito.
- Su hija se metió en la goleta de polisón.
- Ella sola sin la complicidad de nadie - le preguntó Don Benito a Ismael.

- Si Don Benito, ella sola sin complicidad de nadie - le aseguro Ismael y continuo - cuando nos dimos cuenta ya estábamos a medio camino y no pudimos regresar, porque nos vimos perseguidos por una fragata inglesa.
- Hay Mérida, mi niña no sé que voy a hacer contigo - exclamó Don Benito, y como lo que se quiere se defiende, Ismael le contestó a su suegro.
- Comprenderla Don Benito, nada más que comprenderla, lo que se hereda no se roba y ella heredó su sangre, sangre de hidalgos españoles.
- Yo lo comprendo Ismael, pero Mérida es muy rebelde, le voy a tener que meter en un convento.
- No Don Benito no cometa un error, si usted la mete en un convento ella se escapa, yo creo que lo mejor es casarla y así va a tener nietas, Don Benito se sonrió y le contestó.
- Y usted cree que ella encuentre un hombre que la pueda someter con su carácter indomable - Ismael se sonrió y le respondió
- Solo está en que ella se enamore, recuerde que siempre hay un roto para un descosido - Don Benito interrumpió a Ismael.
- Pero ya me contaste el incidente con tu padre, pero no me has contado como se portó mi niña en el viaje a Jamaica.
- Don Benito, su hija fue útil en el viaje, porque como usted sabe, ella aprendió con su administrador Don Gabriel a gobernar la goleta, pero cuando no estaba al timón estaba en su camarote muy bien atendida y vigilada por su fiel esclava, la negra Ramona.
- Si como usted dice joven, la negra Ramona la quiere mucho, ella la vio nacer y siempre la malcrió mucho, no dude usted que ella fue la que la ayudó a meterse en la bodega de la goleta.
- No lo creo Don Benito, esa negra lo respeta a usted mucho y a su esposa también - Ismael recordó la noche que pasó junto a Mérida

en el camarote de proa de la goleta, y comprendió que el cariño que la negra le tenía a Mérida era más fuerte que el amor que le tenía a Don Benito y a Dona Teresa, porque Ramona había vigilado

- aquella noche la puerta del camarote de la muchacha como un perro fiel, Hay ocasiones que el amor es más fuerte que el miedo, e incluso más fuerte que el deber.

- Bueno Ismael, voy a revisar el palomar para saber si ha llegado algún mensaje de mi gente en la ciudad de la Habana de mi hermano Mason, tu padre o de Don Gabriel.

- Dice usted mal Don Felipe, con todo respeto, le aclaró Don Felipe es mi amo, no mi padre.

- Si Don Felipe fuera tu amo y no tu padre, tú no tuvieras la educación que tienes, y ya hubiera mandado tras de ti los ranchea dores, porque la bien sabia donde tú estabas, Don Felipe sabía que tú estabas en mi finca de Paso Redondo - después de decir eso Don Benito salió del bohío, dejando a Ismael pensando lo que él había dicho, 15 minutos después de haber salido del bohío Don Benito Moreno regresaba con un pequeño papel en la mano, y dirigiéndose a Ismael le dijo.

- Una paloma me ha traído un importante mensaje de la Habana.

- Y qué mensaje es ese Don Benito - le preguntó Ismael.

- Los ingleses van a mandar un grupo de soldados a Matanzas, para trasladar a la Habana a 4 criollos que están presos.

- Pero presos porque Don Benito - le preguntó Ismael.

- Y qué camino cree usted que ellos van a tomar - le preguntó Ismael, Don Benito reflexiono por la pregunta hecha por el muchacho.

- De seguro el paralelo a la costa norte de la Isla, es el menos intrincado y más seguro para ellos.

- Y qué planes tiene usted Don Benito - le preguntó Ismael - Don Benito volvió a reflexionar la respuesta que le daría a la pregunta hecha por Ismael y le contestó.

- Les vamos a dejar que lleguen a Matanzas y recojan a los prisioneros y en el camino de regreso le vamos a preparar una emboscada, los vamos a matar a todos y vamos a liberar a los criollos prisioneros porque gracias a ustedes tenemos dos mosquetes y pólvora y una culebrina.

- Y con qué fuerza contamos nosotros Don Benito, digo fuerzas en números de hombres - le preguntó Ismael, Don Benito meditó y le contestó.

CAPÍTULO 21

LA EMBOSCADA

- Yo cuento con Porfirio, Margarita, Lázaro y Bárbaro y Don Gonzalo, y creo que puede contar con ustedes.
- Por supuesto Don Benito, nosotros somos los negros Traquilino, Facundo, Andrés, Miguel y yo, Francisco y Jose Maria están de viaje, usted sabe para donde - Don Benito saco cuenta en su mente y les dijo a Ismael.
- Somos 11 en total.
- Y además de los 10 mosquetes que nosotros trajimos, con que otras armas podemos contar.
- Catorce mosquetes, sables y como le dije una culebrina.
- Con eso nos sobra - le contestó Ismael y agregó - tenemos que vigilar desde que salgan de la Habana.
- Tan pronto salgan de la ciudad, mi gente me mantendrán informados - le dijo Don Benito a *Ismael.*
- Y tenemos algún colombófilo en Matanzas - preguntó Ismael.
- Claro que tenemos allí, en Matanzas tenemos a los hermanos Olivos, Mario, Miguel y Enrique, unos mulatos libertos, hijos de Diego Oliva, un hacendado Masón amigo mío y ellos nos van a

informar a través de sus palomas cuando los ingleses lleguen y cuando ellos y los criollos prisioneros emprendan el camino de regreso a la Habana - Don Benito medito por unos minutos miro a Ismael con cara grave y le dijo.

- Si vas a pelear es por tu propia voluntad, no quiero problemas con tu padre.

- Por ningún motivo yo voy a faltar a esa acción, usted no tiene ninguna responsabilidad, ni mi amo ahora tiene ninguna autoridad, Don Benito, recuerde usted que ahora yo soy un cimarrón que busca su libertad luchando contra los ingleses.

- No hable usted bobería Ismael, usted aquí no es ningún cimarrón, usted aquí es el hijo de un gran amigo y hermano mío y único heredero -e dijo Don Benito a Ismael - el muchacho recordó su relación con Mérida y le respondió.

- Que bueno que piense usted así Don Benito lo voy a tener en cuenta - Don Benito le hizo una seña a Ismael que lo siguiera y fueron al palomar a mandar una paloma a los hermanos Oliva para pedirle que se pusieran alerta y lo mantuviera informado del movimiento de las tropas inglesas, después le dijo al muchacho.

- Vamos a tener que gastar algo de pólvora enseñando a tirar a los negros.

- En la finca hay dos barriles más de pólvora que nosotros trajimos de Jamaica y podemos mandar por ella si fuera necesario - le dijo Ismael a Don Benito - el viejo capitán de milicia contestó

- Debemos de empezar ya con el entrenamiento de los negros, no tenemos mucho tiempo que perder

- Ahora nosotros vamos a volver a la hacienda Pasó Redondo para ver qué ha pasado entre Mérida y su madre Doña Teresa.

Después de ver salir a Ismael y Francisco con las armas que llevaban a su marido, doña Teresa acompañada de Laura y Leticia fueron en busca de Mérida y la encontraron en su habitación, doña Teresa se dirigió a su hija y le dijo.

- La última locura que has hecho no la voy a dejar impune, has dado muy mal ejemplo a tus hermanos, si no tomo acción contigo tus hermanos van a querer hacer lo mismo.
- No he hecho nada malo, lo único que hice fue tratar de ayudar a mi padre y a Cuba a librarse del inglés, soy criolla y soy cubana.
- Eres una señorita y tienes un linaje, eso es lo que tiene que defender una señorita, le dijo Laura - Mérida miró a su tía con repulsión que es la frontera del odio, entre ellas no había nunca una buena relación, eran de carácter distinto y la muchacha le contestó.
- Los que no hacen nada critican siempre a los que tratamos de hacer algo - y agregó cuanta gente criticó a Colón.
- Pero no es lo misma niña, Don Cristóbal Colón era un hombre- le dijo Leticia que siempre era tambor de resonancia de su hermana, Mérida no se dejó vencer y le respondió con energía, es muy difícil que una urraca pueda vencer a una leona- y agregó - Juana de Arco era una joven francesa que también defendió Francia del invasor inglés
- Bueno, basta ya de discusiones, tus tías tienen razón, irás a la hacienda de San Cristóbal, donde tu padre tiene un central azucarero - le dijo a su hija Doña Teresa.
- Yo la mandaría a España - le pidió Laura que como toda solterona fea envidiaba a toda joven bonita sin excluir a su sobrina...

- Como nuestra hermana va a hacer eso Laura, si las comunicaciones con España están cerradas por el momento - le contestó Leticia, de nuevo Dona Teresa tomó la palabra.
- Voy a hablar con Don Cristóbal, para que te lleve allá, dicho esto las tres hermanas abandonaron la habitación, Dona Teresa fue directo a hablar con Don Gabriel el administrador y le dijo.
- Don Gabriel ha decidido mandar mi niña Miranda a la hacienda de San Cristóbal - el administrador meditó el pedido de doña Teresa y le contestó.
- Perdone Dona Teresa, que gana este de acuerdo con usted, los caminos en estos momentos no son seguros; hay muchos negros cimarrones y mucho vandolero insumiso entre Batabano y San Cristóbal y esa decisión va a poner en peligro la vida de su hija.
- Entonces usted me recomienda - le pregunta Dona Teresa a su administrador, pero Dona Laura quien le respondió.
- Déjala en su habitación bajo llave hasta que la Habana vuelva a España y despúes veremos.
- Si hermana debe hacer eso, y que sea la negra Ramona quien le sirva sus alimentos en su habitación.

Ramona entró en la habitación de Mérida y la encontró leyendo un libro de historia de España.

- Buenos días, mi Mérida le dijo Ramona a su niña consentida.
- Que estás haciendo mi niña, le pregunto Ramona.
- Estoy leyendo para no aburrirme en lo que te esperaba a ti, quiero que ahora que tenemos tiempo me hables de tu religión.
- Nina Miranda, la señora Dona Teresa, su madre, me lo tiene prohibido - Mérida pensó un instante y le contestó la esclava.

- Una cosa es prohibir y otra cosa es impedir, tu bien sabes eso, así que siéntate cómoda a mi lado y empieza a contarme lo que yo quiero saber, soy toda oídos.
- Nina Miranda, si la señora Teresa, su madre se entera de que le he hablado a usted de mi religión, me van a mandar a dar unos buenos azotes y yo ya estoy muy vieja para eso.
- Nadie te va a azotar negra, azotes te darán si mi madre se llegara a enterar de otras cosas que yo y tú sabemos, y en lo que nosotras somos cómplices.
- No hables de eso mi amita, está bien la voy a complacer, y que los orichas y tu Dios nos proteja. -Ramona se acomoda junto a Mérida y comienza.
- Los tres cultos principales en la isla de Cuba, son el locumi o regla ocha, el monte mayombe o regla del congo, y el culto de ayora los vecinos de los yorubas en África,
- Los blancos consideran a los nanigos o brujeros, pero eso no es así amita porque los nanigos o abakuá forman una sociedad secreta de hermandad - Mérida interrumpió a Ramona con una interesante pregunta.
- Y ustedes los santeros son brujeros.
- No nina nada de eso, hay un error sobre eso, la brujeria o magia negra encierra en sí un sentido activo del mal, que nosotro los santeros no tenemos, hacer daño a otros o hacer mal de ojo, eso no lo hacemos nosotros los que seguimos la religion lucumi o regla de ocha, nosotros por el contrario pedimos protección a los santos u orichas - Mérida volvió a interrumpir a Ramona con otra pregunta.
- Que es voodoo negra Ramona - Ramona se sonrió con la satisfacción de conocer la respuesta a la pregunta que le había hecho Miranda.

- Nina Mérida el voodoo es una religión africana que se establece en Haití, que tiene mucho de magia negra, o magia para hacer el mal - Mérida volvió a preguntar.
- Y que tiene que ver el espiritismo con la santería.
- Nina Mérida la gente confunde el espiritismo con la santería, pero la santería no es espiritismo, yo le puedo decir que la santería tiene su origen en la región yoruba que habita esta tribu en el occidente de Nigeria, mientras que el espiritismo viene de otras creencias - de pronto se escucha un fuerte toque en la puerta de la habitación y Mérida ordenó.
- Adelante - la puerta de la habitación se abrió y en ella entraron Laura y Leticia, Laura traía en las manos un cesto lleno de hilo de algodón, lo puso sobre la mesa y le dijo a su sobrina.
- Querida sobrina te he traído unas agujas y unas bolas de hilo para que hagas lo que hacían todas las señoritas, y te entretengas haciéndonos dos abrigos, uno para tu tía Leticia y otro para mi - Mérida se sonrió como lo había hecho en ocasiones anteriores y le dijo a su tía.
- Querida tía, te agradezco el detalle, hoy mismo voy a empezar a tejer tu suéter, el de mi tía y el de mi mamá porque no la voy a dejar a ella pasando frío, ahora te voy a agradecer que me dejes leer mi rosario.
- Y la esclava también está orando contigo, le pregunta Leticia.
- Si tía ella es muy buena cristiana - Laura y Leticia salieron de la habitación, Mérida le ordenó a Ramona.
- Negra, por favor cierra por dentro, mañana me sigues contando la historia de tu religión lúcuma, ahora tengo algo muy importante que preguntarte.
- Dígame su mercé niña Mérida, ahora la que soy toda oídos, soy yo.
- Estás conmigo, o con esas dos comadrejas solteronas.

- Con su mercé mi niña, yo la quiero a su merced como una madre recuerde niña que la crié yo a usted, yo la vi nacer - Mérida le hizo a Ramona otra pregunta.
- Tú le tienes confianza a la negra Belén, la santera.
- Ella y yo somos hermanos de religión, tengo en ella una total confianza - Mérida interrumpió a Ramona.
- Yo tengo entendido que Belén tiene un ahijado de santo en el pueblo de Batabanó - ahora fue Ramona quien interrumpió a Mérida.
- Si mi niña, un liberto que cría caballos.
- Si Ramona de ese hombre es de quien te hablo.
- Y qué quiere mi niña de ese liberto - le preguntó Ramona a Mérida y ella le contestó.
- Primero tienes que tener mucha discreción, porque si te descubren te van a dar no una sino 100 latigazos.
- Me está asustando niña - le contestó Ramona.
- Mira negra, te voy a dar 5 mil pesos en oro y unos aretes de esmeralda que valen por lo menos 1000 pesos más.
- Y que quiere su merced que yo haga con tanto dinero - le preguntó Ramona, Mérida fue directa y le dijo a la negra.
- Ve a ver al liberto con Belén y cómprale dos, tres buenos caballos y dos mulas.
- Y para qué puede querer su mercé que yo compre tres caballos y dos mulas.
- Las mulas para llevar la impedimenta, un caballo para Belén, otro para ti y uno para mí, y digo un caballo para ti, porque yo no creo que tú te quieras quedar aquí a recibir los azotes.
- Y un caballo para Belén, mi Amita - le pregunta Ramona. Sí, uno para Belén también.
- Y qué es lo que quiere hacer la niña.

- No te hagas la boba negra linda que tu bien sabes lo que vamos a hacer.

Está bien niña, un caballo para ti y otro para mí y el otro para quien.

- El otro es para Belén que nos va a guiar hasta donde está mi padre.
- Y la negra Belén le sabrá hacer la pregunta a Ramona.
- Si mi negra clara que ella lo sabe hacer, yo sé lo que te digo, ahora ve a dormir y mañana me sigues hablando de la historia de tu religión, pero antes de venir ve al bohío de Belén y habla con ella, pero recuerda, ten mucho cuidado.
- Esto es muy delicado su mercé y yo tengo miedo de Belén se puede acobardar - le dijo Ramona, y Mérida le respondió.
- No negra, como dice mi señor padre, tu amo Don Benito Moreno, el cochino sabe del palo que se arasca, y si ella nos falla le puede costar la vida y ella lo sabe, además ella está muy enamorada de Francisco y ese negro está de nuestro lado, mañana temprano vas a hablar con Belén con mucha discreción, recuerda que las hurracas de mis tías están pendiente de todo, después vienes aquí para que me sigas explicando lo del sincretismo religioso moro cubano.

Haciendo las cosas al pie de la letra como le había pedido Mérida, Ramona fue a hablar con Belén, le dio el dinero y las joyas y la encomienda y le dijo.

- Recuerda tres caballos y dos mulas.
- Y para qué quiere la niña Mérida, tres caballos y dos mulas.

- Las mulas para llevar la impedimenta, un caballo para la niña Mérida, otro para mí y otro para ti, porque yo no creo que tú te quieras quedar aquí a recibir los azotes, además tú fuiste cimarrona, tú eres la que sabes el camino.

- Y mi negro Francisco está en el lugar donde tenemos que ir pregunto Belén, que como toda mujer enamorada quería estar al lado de su hombre.

- Si Belén consigue los caballos rápidos que tu negro te está esperando. - Después de decir esto Ramona, Belén salió del bohío y se dirigió a hacer su cometido y Ramona a la casa grande a llevarle el desayuno a Mérida y a continuar su historia, tan pronto Mérida ve entrar a Ramona en la habitación, le dijo.

- Ven, siéntate a mi lado y continúa la historia.

- Ramona tomó asiento y comenzó.

- Nina Mérida, para nosotros los santeros, el monte es un lugar sagrado, como le digo el blanco va a la iglesia y le pide a sus santos, a cristo y a la virgen María, le pide que le dé fuerza porque nada se puede hacer sin la ayuda de Dios.

- Entonces que es lo que hacen ustedes los negros - le pregunto Mérida.

- Nosotros los negros vamos al monte a la manigua a pedir allí y hacer nuestras oraciones, porque para nosotros los negros el monte es nuestra iglesia, en el monte están los espíritus de nuestros antepasados y nuestros orichas - Ramona se santigua y continua.

- En el monte hay muchas yerbas que nosotros le llamamos ewes - Mérida le pregunta ewes, en qué lengua.

- En lengua yoruba, se dice ewes - le respondió Ramona y continuó.

- En el monte viven dos árboles de suma importancia, la ceiba, un árbol sagrado en cuyo tronco vive Iroqués.
- Y quien es Iroqués - pregunta Mérida, Ramona continuo.
- Nina Mérida Iroqués es un oricha con muchoache, un oricha muy poderoso que el negro respeta mucho y coloca ofrendas a los pies del árbol.
- Y cuál es el otro árbol sagrado para tu religión - le pregunta Mérida a Ramona.
- El otro árbol sagrado es la palma real donde vive chango, el Dios del trueno, Shango vive en la palma con su mujer Oya y su poder oculto, pero el verdadero guardián del monte es Osain el yerbero que conoce las yerbas que curan las enfermedades.
- Y cuáles son los santos para la religión lúcuma, y cuál es la diferencia entre un santero y un babalao - le pregunta Mérida.
- Ya le dije su merca, los santos para los negros son los orichas personajes legendarios. Hombres y mujeres muy importantes en la tribu de los yoruba, ellos representan la valentía, la belleza y la maternidad.
- Pero ustedes le dan a sus orichas los nombres de nuestros santos católicos.
- Si mi Amita esto es así - le dijo Ramona y continuó.
- a Ramona Para nosotros también hay un Dios todopoderoso, este Dios es olodumare al que también llamamos olofin, para los negros yoruba este Dios vive en el cielo y el espíritu de olordumare vivía en Obatala.
- Y cuál es el Dios que adivina - le preguntó Mérida.
- Ese Dios mi Amita es Orumila, el Dios de la ifa, el Dios que adivina y cuyo sacerdote es un babalao, los babalawos son muy influyentes en la santería porque ellos adivinan el presente, el pasado y sobre todo el futuro.

- Claro que el futuro es lo que todo el mundo quiere saber - le dijo Ramona y continuó.

- Ye maya es nuestra señora de Regla, la Diosa del mar, es Diosa de la fertilidad pero no del amor, porque sabia y prudente es también apasionada y sensual y en nosotros los negros la sexualidad es una virtud muy apasionada, en Brasil a Ye maya se le dice Jemaja - Mérida interrumpió a Ramona y le pidió.

- Negra háblame de Chango - Ramona se volvió a levantar y le pegó el oído a la puerta, pero no escucho nada y se volvió a sentar, la negra estaba nerviosa porque no quería ser azotada, no obstante continuó.

- Nina Mérida Chango para nosotros es Santa Bárbara, el Dios del trueno, el rayo, es un Dios u oricha fuerte y poderoso y terrible, pero a pesar de todo Chango es un oricha fiel a sus amigos, tiene tres esposas que son Oya, Oba y Ochun, a veces este oricha viene a pie y otras veces a caballo, Chango al igual que Santa Bárbara trae una túnica roja, una espada y una corona, intatuma de los yoruba la adoran de una manera especial, en chango el orisha más popular es Nigeria.

- Oya o Santa Teresa es la dueña de los cementerios, Oya se hace presente con el relámpago y el trueno, asi se asocia con su esposo Changó, cuando Chango entra en batalla Oya va delante de él, Oya según cuenta la leyenda estuvo casado con Ogun, pero Changó se la quito no sin antes pelear con Oggún - de nuevo Ramona hizo silencio, se puso de pie y tomo agua y de nuevo Merida le pregunta.

- ¿Por qué te paras? sigue negra no te pares todo esta muy interesante.

- Oba la Candelaria o Santa Catalina es la dueña del hogar Oba refleja las cualidades de la esposa perfecta, protege la maternidad y todo lo que se relaciona con la vida feliz en la familia.
- Háblame de la oricha que ustedes le dicen Ochun.
- Nuestra señora de la Caridad es la Diosa del río y del amor, Ochu refleja la belleza y la pasión, es una orisha muy bailarina - Mérida interrumpió de nuevo a Ramona y le pidió.
- Háblame de tus ídolos y de las piedras preciosas - Ramona no pudo continuar hablando porque ahora sí se escucharon pasos por el pasillo, que venian hacia la habitacion, Merida tomó su rosario y le dio otro a Ramona y las dos empezaron a orar, la puerta se abrió y entró por ella el administrador Don Gabriel, que dirigiéndose a Mérida le dijo.
- Señorita Merida hemos recibido una paloma mensajera con noticias de su señor padre y de Ismael, Merida con suma ansiedad le preguntó.
- Como esta mi padre y mi amigo Ismael y el negro Francisco.
- Según me escribió Don Benito él ya está bien de sus heridas, y está preparando una acción, pero el me dice que van a necesitar más pólvora y una culebrina más.
- Y qué piensa usted hacer al respecto le preguntó la muchacha a Don Gabriel y este le contesta.
- Vamos a tener que volver a Jamaica y voy a tener que sacrificar una culebrina de la goleta - Mérida no le respondió nada pero miró a Ramona, y pensó que en esta ocasión ella no iría a Jamaica, porque ella tenía otros planes, dijo sin poderse contener le dijo al administrador.
- Mire Don Gabriel el pago que yo he recibido por arriesgar mi vida y ayudarlo a usted a hacer el timón durante un largo viaje, no sabe usted donde las desagradecidas de mis tías y mi madre me tenían

como una prisionera, gente que no son capaces de hacer nada y solo saben criticar a los que hacen, ellas debieran tener el valor de callarse ante los que se sacrifican.

- Yo estoy muy de acuerdo.

- Yo estoy muy de acuerdo en todo con usted niña Mérida, pero en la relación de usted con Dona Teresa yo no me puedo meter yo no puedo hacer nada, hay que esperar que regrese su señor padre para que el sea el que lo ponga todo en orden, el bravo comprende al bravo, pero no se preocupe usted, que su mercé no va a ir ni a San Cristóbal ni a España.

- De eso estoy segura yo - le contesto Mérida, Don Gabriel se despidió y Mérida se dirigió a Ramona después que se aseguró que el administrador se había marchado.

- Negra ve al bohío de Belén y preguntale si ya hizo el negocio de los caballos con el liberto Saturnino.

- Si mi ama ahora mismo voy para allá - Ramona salió volando de la casa grande hacia el batey de los negros, Don Gabriel la vio salir y se sonrio y penso - hacen falta mucho mas de dos zorras viejas para poder cazar a una gacela joven, el administrador sabia que Merida decia la verdad, a veces decir la verdad es dificil, pero Dona Teresa era mas dificil aun aceptarla.

- Ramona entró en el bohío de Belén y le dijo.

- Vengo a verte para que me tires los caracoles.

- Belén fue por la estera y la tiró en el suelo, después sacó de un saquito de cuero unos caracoles y los tiró sobre la estera y le dijo a Ramona.

- Ya todo está hecho, y lo que se sabe no se pregunta, ahora soy yo la que espero por ustedes.

- Sabes llegar a Yumuri - le preguntó Ramona.

-   Si mi ama ahora mismo voy para allá - Ramona salió de la casa grande hacia el batey de los negros, Don Gabriel la vio salir y se sonrio y penso - hacen falta mucho mas de dos zorras viejas para poder cazar a una gacela joven, el administrador sabia que Merida decia la verdad, a veces decir la verdad es dificil, pero para Dona Teresa era mas dificil aun aceptarla.

Ramona entró en el bohío de Belén y le dijo

-   Vengo a verte para que me tires los caracoles - Belén fue por la estera y la tiró en el suelo, despues saco de un saquito de cuero unos caracoles y los tiró sobre la estera y le dijo a Ramona.
-   Ya todo está hecho, y lo que sabes no se pregunta, ahora soy yo la que espero por ustedes.
-   Sabes llegar a Yumuri - le preguntó Ramona.
-   Claro, el palenque de la negra Petra estaba allí en el centro del Valle.
-   Cuánto podemos demorar en llegar allá - le pregunto Ramona.
-   Si todo sale bien y a caballo un día y un poco más, prepara carne salada y pescado ahumado y agua y unas buenas cobijas, de noche hace frío - le dijo Belén a Ramona y esta le contestó.
-   No te preocupes por eso, yo me ocupo de todo - después la fiel esclava fue a la habitación donde Doña Teresa y sus hermanas Laura y Leticia pensaban que tenían encerrada a Mérida, los tontos creen siempre que pueden tener control sobre los astutos; tan pronto la negra esclava estuvo dentro de la habitación, Mérida le preguntó a Ramona.
-   Fuiste a hablar con Belén.
-   Claro que fui amita le respondió Ramona.
-   Y qué paso?, Todo está listo, le preguntó la muchacha.

- Si ama, Belém está esperando por nosotras.
- Y dónde están los caballos - le preguntó Mérida.
- En Batabanó mi ama, en el corral del liberto Saturnino, todo listo, su merced, los caballos, las monturas y los mulos con la impedimenta - le contestó Ramona - Mérida tomó la palabra y le dijo a Ramona.
- Tengo escondidas tres pistolas, un sable y un mosquete.
- Su merced y la negra Belén saben usar las armas, pero yo no - le contesto Ramona y Mérida le respondió.
- No te preocupes por eso negra que vas a aprender a usarla si se llega el caso, no hay nada más fuerte que el instinto de conservación amenazado.
- Y cuando nos vamos mi amita - le preguntó Ramona.
- Mañana por la madrugada, cuando mi madre y mis tías duerman - le respondió Mérida - tenemos que estar alertas con Don Gabriel, el administrador, él a veces hace rondas por la noche.
- No negra de él no nos tenemos que cuidar, él sabe que nos vamos y nos va a dejar ir, Don Gabriel sabe que ni mi madre ni mis tías tienen la razón y sobre todo sabe que las cosas van a cambiar, tan pronto yo pueda hablar con mi padre, pero ahora vamos a seguir hablando de tu religión - Ramona se sentó al lado de Mérida y tomó la palabra.
- Primero le voy a hablar a su merced de la consulta que es el primer paso que da todo el que tiene algo que preguntar, algo que quiere saber, este primer encuentro entre el creyente y los dioses orishas.
- Y como se hace eso, mi negra - le preguntó Mérida a Ramona.
- Espere su merced, no se apure que le voy a explicar todo paso a paso.
- Está bien Ramona, te escucho.

- Este primer contacto es por medio de los caracoles si el que consulta es un santero o santera o con los cocos si el que consulta es un babalawo, durante la consulta se establece una relación entre el consultado y su santero o santera, a medida que se hagan las visitas el santero o babalawo aconseja, y el oricha exige para dar protección.
- Y que exige el santo - preguntó Mérida.
- Exige tributos, mi amita, distintos tipos de ofrendas y dádivas.
- Y que viene después - volvió a preguntar Mérida.
- El otro paso es la imposición de los collares, de los siete collares fundamentales, de los cuales cuatro son esenciales, los otros tres dependen de la consulta, y aunque el creyente recibe sus collares, nadie los podrá tocar para que no pierda su ache.
- Y son muy importantes estos collares - le preguntó Mérida a Ramona.
- Si niño, claro que son muy importantes porque la devota se incorpora a las creencias y rituales de la santería, es como su primera comunión con los orishas, después viene la ceremonia de iniciación en la regla de ocha, este proceso dura dos semanas.
- Y qué pasa durante esas dos semanas - preguntó Mérida, Ramona continuó la explicación.
- Durante estas dos semanas el devoto se va con su padrino o madrina a un bohío apartado del batey, cada día de esa semana representa un nuevo amanecer para el creyente, se prepara recibir el santo en él, mirando a todo lo que es viejo y oscuro en su vida pasada, al final de cada día se cambia de ropa, el día de Itá o día que se consulta a los orichas y estos hablan del futuro y se deciden qué animales se van a sacrificar, sentado en un trono especial el nuevo miembro de la religión es venerado por todos los presentes, desde el momento de su iniciación al neófito se

conoce como Iyawo, el nuevo santo debe de vestir de blanco por todo un año, debe sentarse a comer aparte, al concluir los primeros tres meses el creyente debe recibir de su padrino o madrina un Ebo - Mérida creyó sentir ruidos detrás de la puerta y le hizo un gesto a Ramona para que no hablara, se escuchó un toque de puerta y Mérida le ordenó a Ramona.

- Ramona abre la puerta - la esclava la obedeció y vieron ante ellas a Belén y a Don Gabriel y este les dijo.

- Vi a Belén deambulando y le pregunte que quería y me dijo que saludar a Ramona y la complací y ahora las dejo solas para que puedan hablar, cuando Belén regrese al batey debe de tratar que nadie la vea - después de mandar este claro mensaje de apoyo Don Gabriel abandonó la habitación, Mérida se dirigió a Belén.

- Qué imprudencia negra que haces aquí.

- Perdone su merced, pero yo le he preparado unos resguardos a usted y a mi amiga Ramona y se lo vine a traer - y diciendo esto, Belén saco de sus senos dos pequeños saquitos y se los dio a Ramona y a Mérida que creyó injusto el regaño que le había dado a la negra y le dijo.

- Está bien Belén, pero vete ya y como le dijo Don Gabriel, trata de que nadie te vea salir de aquí, un paso en falso y se pierde todo.

- Como sucede, la suerte ayuda a quien menos lo espera, suerte loca e irracional, como decían los antiguos filósofos, y la impaciente Belén llegó al batey sin ningún contratiempo - Mérida tomó la palabra.

- Esta misma noche nos vamos - y es que tal como lo habían planeado esa noche pasadas las doce, la hora de los fantasmas, Mérida la intrépida, Ramona la fiel y Belén la enamorada después de recoger en la cuadra del liberto Saturnino los tres caballos y los dos mulos que con la ayuda del liberto Saturnino había ensillado y colocado el bagaje en los dos mulos, y a las tres de la madrugada las tres mujeres cabalgaban por una vereda usada por los negros cimarrones que Belén conocía muy bien, ya al medio día pasaban cerca del pueblo de Güines y siguiendo rumbo noroeste y al anochecer Belén que era la guía se dirigió a Mérida y le dijo.

- Nina Mérida yo creo que debemos de acampar porque el camino es muy irregular y podemos hacer que algún animal se le lastime una pata.

- Si Belén, tú piensas bien, además vamos a comer un poco de carne ahumada y encender una fogata - le contestó Mérida.

- Desencallaron los y le quitaron la carga a las mulas, y Belén llevó a las bestias a un arroyuelo que corría cerca para que tomaran agua y comieran algo de pasto, después tendieron unas mantas y tratar de dormir y en la madrugada Belén y Mérida dormían y Ramón vigilaba, Belén le dio un descanso a Ramona antes del amanecer, coló café y despertó a Mérida, ensillaron los caballos, cargaron los mulos y siguieron rumbo al valle del río Yumurí.

- La pequeña caravana de tres caballos y dos mulas, pasó cerca del pequeño poblado de Ja ruco y entraron en el Valle, Belén conocía muy bien la zona y fue directo a la finca administrada por Gonzalo Alvares, pero antes de llegar aparecieron frente a ellos en la vereda tres negros armados dos de ellos con machete y uno con un mosquete, el que venía al mando de ellos le dijo a Belén.

- Qué haces aquí negra - fue Mérida la que le respondió.

- Soy Mérida Moreno y vengo a visitar a mi padre Don Benito Moreno - los tres negros saludaron con respeto a la muchacha y Andrés le dijo.

- Venga conmigo su merced, yo la recuerdo a usted y a la negra Belén, la voy a llevar con su señor padre Don Benito.

- Los negros guiaron a Mérida y sus compañeras al bohío donde vivía el capitán de milicia, ahora jefe de un grupo guerrillero, Don Benito Moreno, que descansaba acostado en una amaca, las tres mujeres desmontaron y entraron en el bohío, Mérida fue frente a su padre.
- Padre, despierte usted, soy yo Mérida y estoy aquí.

Es muy difícil describir el rostro de Don Benito al ver a su hija, era un rostro de total felicidad, y como la felicidad es un estado de ánimo placentero que suele acompañar a la idea de que la vida merece la pena, solo se puede decir que Don Benito era feliz, Don Benito se puso en pie con la velocidad de un joven y beso y abrazo a su hija y le pregunto.
- Quien te ha acompañado en el viaje - Mérida le respondió.
- Afuera están la negra Ramona y la negra Belén - Don Benito meditó unos minutos y después le dijo a Mérida.
- Ya me imagino por lo que estás aquí, el joven Ismael me lo contó todo - Mérida se heló de pies a cabeza y le preguntó a Don Benito
- Qué te contó Ismael, querido padre.
- Me contó como tú los acompañabas a Jamaica y como los ayudabas en el viaje a gobernar el velero y la reacción de tu madre y la de las solteronas de tus tías.
- Sí padre, yo acompañé a Don Gabriel en el viaje a Jamaica en busca de las armas y la pólvora que usted pidió, porque era un viaje muy largo y solo Don Gabriel, Ismael y yo sabíamos gobernar el velero, yo fui y los ayude, y en agradecimiento mi madre manipulada por mis tías - Don Benito interrumpió a su hija y le dijo.

- Mi padre me decía que nunca diera explicaciones, que mis amigos
  no la necesitaban y que mis enemigos no lo comprenden, no me
  cuentes, que me vas a disgustar, ya estás aquí junto a mí y eso es
  lo que importa.
-

La noticia de la llegada de Mérida, Belén y Ramona corrió como
pólvora por toda la hacienda y Gonzalo corrió al bohío donde vivía
Don Benito para recibir las instrucciones de rigor, Don Benito se
dirigió a Gonzalo y le dijo.

- Tiene que construir de emergencia otro bohío junto a este para
  alojar a mi hija y a mis dos esclavas, un bohío grande, ventilado y
  cómodo.

CAPÍTULO 22

LA GUERRILLA

- Si Don Benito ahora mismo le voy a mandar a construir un amplio y cómodo bohío con tablas de palma real y techo de guano, con caballete de buena altura para que sea bien fresco, por lo pronto ellos van a dormir aquí - Don Benito interrumpió a Gonzalo y le dijo.
- Si ellos dentro y nosotros en las hamacas, en el portal del bohío, paredes de tabla de palma y techo de guano.

Ismael daba clases de tiro rodeado de negros, Andrés llego corriendo hasta él y le dijo.

- Indicime ha llegado visita.
- Quien es la visita de dónde viene, le pregunta Ismael.
- La visita viene de la hacienda Paso Redondo - estas palabras hicieron que a Ismael se le acelerara el ritmo cardiaco, y le pregunto a Andrés.
- Y quien es la visita que ha llegado de la hacienda Pasó Redondo.

- Usted no lo va a creer su merced, pero la visita es la niña Mérida y las negras Belén y Ramona - Ismael le entregó el mosquete a Lázaro y les dijo.
- Recojan todo, las clases han terminado por hoy - dicho esto salió como un trueno hacia el bohío de Don Benito, con el corazón en la mano, Ismael corrió, no corrió, si no voló el camino, encontró a Don Benito y a Don Gonzalo colocando las hamacas en el portal del bohío, Gonzalo al verlo llegar le dijo.
- Porque corres así Ismael? Parece que lo viene siguiendo un fantasma - Mérida lo había oído y al escuchar el nombre de Ismael salió al portal, Ismael se acercó a ella, la muchacha le tendió la mano, él la tomó y con sumo respeto se la beso.

No amor no llega tarde, porque todas las cosas
Tienen su tiempo justo, como el trigo y las rosas;
Solo que a diferencia de la espiga y la flor
Cualquier tiempo es el tiempo de que llegue el amor

No amor no llega tarde, tu corazón y el mío
Saben secretamente que no hay amor tardío
Amor, a cualquier hora, cuando toca la puerta
La toca desde adentro, porque ya estaba abierta

Y hay un amor valiente y hay un amor cobarde,
Pero, de cualquier modo, ninguno llega tarde

Amor, el niño loco de la loca sonrisa
Viene con pasos lentos igual que viene a prisa
Pero nadie está a salvo, madre, si el niño loco
Lanza al azar su flecha, por divertirse un poco

Así ocurre que un niño travieso se divierte
Y un hombre, un hombre triste queda herido de muerte
Y más, cuando la flecha se le encona en la herida
Porque lleva el veneno de una ilusión prohibida

Y el hombre arde en su llama de pasión y arde y arde
Y ni siquiera entonces el amor llega tarde
Balada del loco amor, Jose Ángel Blusa

- Qué grata sorpresa, señorita Mérida - le dijo Ismael, y después le preguntó suponiendo de antemano la respuesta que le daría la muchacha.
- Y quien ha venido con usted supongo que su señora madre y sus tres tías - aquella refinada ironía, hizo reír a Mérida, que sin hacerle esperar, le respondió.
- No, Ismael, mi madre y mis tías no han podido venir, estaban las tres indispuestas, yo he venido sola con las negras Ramona y Belén, como su merced sabe caballos de paseo no ganan batallas
- Es usted una joven muy valiente y sus negras también, porque como están los caminos, ustedes han tenido suerte en un viaje tan peligroso - Mérida le contestó.
- A tenida suerte quien nosotras o los que intentarán atacarnos - Ismael se sonrió y le contesto
- Claro ha tenido suerte el que la atacara a usted y a sus negras - Mérida sonrió y retomo la palabra.
- He preferido venir a pelear junto a mi padre y a ustedes, a quedarme encerrada como una inútil en una habitación, después de decir esto volvió a entrar en el bohío.

Lleva en el alma la Bayamesa
Dulces recuerdos de tradiciones
Cuando contempla sus dulces prados
Lágrimas vierte por sus pasiones
Ella es sincera y le entrega al hombre
Todas virtudes y el corazón
Pero si siente de la patria el grito
Todo lo deja, todo lo quema
Ese es su lema, su religión

Continúa la muela.

- Mérida heredó mi sangre, mi linaje -dijo Don Benito, Ismael le respondió.
- Si Don Benito, su hija es una joven muy especial, muy valiente, nos lo demostró en el viaje a Jamaica cuando fuimos a traer armas y pólvora con que ahora podemos pelear, y a vuelto a demostrar su valor viniendo hoy aquí, su niña es una amazona - Don Benito reflexiono lo dicho por Ismael y dijo.
- Pues de ahora en adelante ese va a ser su nombre de guerra, la amazona - Don Benito pensó por un momento y agregó - aunque con su llegada tendremos por unos días que dormir en el portal - Ismael pensó, yo como si tengo que dormir como un faquir hindú sobre una cama de clavos.

El que mejor sabe amar es el que ama mejor, Miguel de Unamuno.

Gonzalo, que no conocía a Mérida, hizo un comentario.

- Pero yo no creo que la señorita Mérida venga a pelear junto a nosotros - rápida como un rayo, Mérida volvió a salir al portal y le dijo a Gonzalo.
- Señor Don Gonzalo, si usted cree que yo he venido a tejer medias se equivoca, yo he venido a pelear junto a mi padre - y agrego una mujer debe de tener más dignidad que miedo - después de decir esto volvió a entrar en el bohío.

Aquella actitud de Mérida sorprendió a Gonzalo, que le preguntó a Don Benito.

- Don Benito, usted va a impedir que su hija pelee, la guerra no es un juego de niños, la guerra es algo muy peligroso - Don Benito miró con una semi sonrisa a Gonzalo y le preguntó.
- Don Gonzalo, usted conoce el carácter de mi hija.
- No, en realidad no lo conozco - le contestó Gonzalo.
- Si no se lo permitimos hacer aquí, va a hacer lo mismo que hizo en la hacienda Paso Redondo, va a escapar de aquí y va a ir a pelear en otro lado, y yo prefiero que sea aquí junto a nosotros - le respondió Don Benito, que estaba seguro de lo que estaba diciendo.
- Don Benito tiene toda la razón - corroboró Ismael, y sin poder contener sus sentimientos, dijo.
- Si se diera el caso, yo pondría mi pecho delante de las balas para que no la hirieran a ella.

Amor, amor, qué grande eres, si no hubiera quien amara el sol se apagaría, concepto del que escribe.

Ahora después de este recibimiento vamos a volver a la hacienda Pasó Redondo para ver cómo han tomado la fuga de Mérida, su señora madre Dona Teresa y sus tías Laura y Leticia.

Laura entró en el comedor donde Doña Teresa tomaba café y le dijo.

- Se fue mi hermana, tu hija escapó.
- Qué estás diciendo, hermana - le preguntó Dona Teresa, deteniendo su café.
- Que tu hija Mérida se fue detrás de su cimarrón - le contestó la solterona.
- Qué cimarrón es ese hermana - le preguntó Dona Teresa, y no fue Laura, sino Leticia la que respondió a su hermana.
- El falso sacristán y falso liberto, el esclavo Ismael - Don Gabriel, que acababa de entrar en el comedor, le pregunto a Leticia.
- De dónde saca usted eso, señora Leticia - Leticia no dudó y le respondió.
- Me lo ha dicho Julio el que me ha confesado todo - Gabriel volvió a tomar la palabra.
- Yo no comprendo lo que usted dice, señora porque Ismael es bachiller, habla 3 idiomas, yo no comprendo como un esclavo puede haber estudiado tanto - Laura tomó la palabra para decir.
- Según me ha dicho julio, el padre Ramón le contó que Ismael es hijo natural de Don Felipe Fonseca con una esclava.
- Del Fon secas de Bayamo - le preguntó Don Gabriel, Leticia volvió a tomar la palabra.
- Yo supongo que sea del Fon secas de Bayamo, pero que tiene que ver que sea del Fon secas de Bayamo o del Fon secas de Trinidad o de Remedios, pregunto.

- Señora Dona Leticia, la Villa de Bayamo es una Villa con una gran historia de honor, valentía y rebeldía, recuerde usted que Bayamo es una Villa donde los piratas han ido a robar y han terminado colgados.

- Piratas que han ido a robar y han salido cargados, cuénteme lo que sabe usted de eso Don Gabriel - le pidió Dona Teresa, Gabriel tomó asiento, le pidió a una esclava una taza de café y para complacer a Dona Teresa comenzó su interesante historia con unas palabras dicha por un gran orador el senador de la Roma Antigua, Marco Tulio Cicerón, la primera ley de la historia es no mentir y la segunda es no tener miedo a la verdad, a todo historiador debe serle permitido colmar las lagunas de la historia, con suposiciones legítimas fundadas en las leyes de la verosimilitud - después de dicho este Don Gabriel comenzó.

- Al comenzar el siglo XVII la isla de Cuba vive amenazada por los piratas y corsarios franceses y holandeses, uno de los más temidos y sanguinarios es el francés Giberto Giron, la ciudad de San Cristóbal de la Habana había sufrido el saqueo del famoso corsario francés Jacques de Sore, pero este temido pirata había muerto.

- En el año de 1604 el obispo de Cuba Juan de las cabezas y altamirano acompañado de otro cura visita una hacienda en la zona de Yara un pueblo entre la Bahía de Manzanillo y la Villa de Bayamo, en la hacienda en la zona de Yara, estos dos religiosos son sorprendidos por un grupo de piratas mandados por el célebre Gilberto Giron, Giron los toma prisioneros - Leticia interrumpe a Don Gabriel y le pregunta.

- Y como es que usted, Don Gabriel, conoce esta historia.

- Leyendo señora Leticia - le contestó Don Gabriel y continuo - Giron los llevo a los dos a su nave que estaba anclada en la Bahía de Manzanillo en el Golfo de Guacanayabo en la costa sur de la isla, después Giron envía un mensaje a los vecinos de Yara y Bayamo.

- Pidiéndole dinero - preguntó Leticia.

- Claro Dona Leticia, el pirata Gilberto Girón mandó su lista pidiendo 2000 ducados en oro, con cueros de res y cien arrobas de carne salada, el pirata mandó al obispo a Yara y dejó saber a través del que quedó de rehén el cura y le dice al despedirlo.

- Me mandan lo que les pido o le corto la cabeza primero al cura, después a usted y posteriormente voy al pueblo y lo incendió y mató a todos los vecinos, el obispo aterrorizado va a Yara en busca del dinero y la vitualla.

- Y que hizo el obispo - le preguntó Dona Teresa, y Don Gabriel continuó.

- El obispo Juan de las Cabezas Altamirano trató de complacer las exigencias del pirata Girón para lograr la liberación del cura y para evitar que Girón cumpla su amenaza de saquear y después destruir la Villa de Bayamo.

- Todos están aterrorizados y a punto de cumplir las exigencias del pirata, cuando llegan de Bayamo dos criollos Gregorio Ramos y Genaro Fonseca que vienen acompañados de un gigantesco negro de nombre Salvador, los bayameses Gregorio y Genaro reúnen a todo el pueblo y le dicen que es un a cobardía ceder a lo que pide el pirata, entre Gregorio y Genaro levantan el ánimo y la moral de los vecinos y entre ellos fraguan un plan.

- Y qué plan puede haber sido ese - le pregunta Laura, y Gabriel continúa.

- Los dos bayameses, el negro Salvador y una veintena de valientes vecinos - Dona Teresa interrumpe a Gabriel con un aceptado comentario.

- Y los hombres de Yara y Bayamo prepararon una emboscada a los piratas - y Gregorio continuó.

La tropa de Gregorio y Genaro se ocultan entre los matorrales del lugar donde se supone que Girón debe de recoger el rescate, de pronto aparece Girón con media docena de sus más aguerridos cómplices, llevaban al cura muy asustado y con las manos atadas, los piratas vienen confiados, pero como en la confianza está el peligro, a la señal combinada la tropa de Yara y Bayamo se lanza al combate, sorprendidos, pero sin miedo Girón pelea con bravura y vende su vida cara, pero no puede evitar que el negro Salvador lo atraviese de un sablazo, Giron cae y sus cómplices corren a salvarse, el gigantesco negro le arranca la cabeza al malvado Giron junto a los piratas que fueron apresados fueron llevadas a Bayamo, después el valiente Salvador junto a Ramos y Fonseca fueron a la bahía de Manzanillo y hundieron el galeón de Giron - Dona Teresa tomo la palabra y les dijo.

Está muy interesante su historia Don Gabriel - y agregó - entonces por lo que usted cuenta Don Felipe y su hijo Ismael tienen en su sangre el linaje de los bayameses en
especial de Genaro Fonseca - Laura siempre diciendo sandeces les dijo.
- Pero el cimarrón Ismael no ha sido reconocido aún por Don Felipe Fonseca como su hijo - Don Gabriel, sin poderse contener, le respondió a la ponzoñosa Laura.
- La sangre no tiene nada que ver con los papeles, señora Laura, y de que Ismael es hijo natural de Don Felipe, uno de los hombres más acaudalados de la isla, de eso sí que no hay duda porque Ismael con un toque de su madre es el vivo retrato de su padre.
- Eso es innegable - le dijo Dona Teresa.

- Pero todavía no hemos decidido que vamos a hacer con el cimarrón de Ismael y con la rebelde de Mérida - preguntó Laura
- Que podemos hacer querida hermana - le preguntó Leticia, y Laura, que no había dado nunca en su vida ni una buena dirección ni un buen consejo para no variar, dijo.
- Podemos mandar tras ellos a los ranchea dores.
- Los ranchea dores tras un hijo de Don Felipe Fonseca y una hija de Don Benito Moreno, usted está loca Dona Laura, yo por lo menos soy incapaz de hacer algo así - le contestó Don Gabriel.
- No le haga caso a mi hermana Don Gabriel, ella no sabe lo que dice - le dijo Dona Teresa y ya ella, las dos negras e Ismael deben de estar ya con mi marido.
- Peleando contra los ingleses - terminó diciendo Don Gabriel, que para nadie era un secreto la admiración que tenía por los dos jóvenes

En la hacienda del Valle de Yumuri, todo era ánimo, optimismo y acción, un grupo de esclavos bajo la dirección de Don Gonzalo construyeron el bohío donde viviría Mérida, Ramona y Belén.

Ismael entrenando a los esclavos en el tiro de mosquete y la culebrina y Don Benito esperando la llegada de Francisco con el dinero que le mandaba su hermano de Logia, Don Felipe Fonseca, del Fon secas de Bayamo.

Las palomas mensajeras hacían su trabajo de comunicación entre la Habana, Batabanó y Yumuri, y Don Benito esperaba el aviso de la salida de la patrulla de ingleses que irían a Matanzas a buscar a los criollos acusados de rebelión por no querer vender caballos al ejército inglés, el capitán de milicia criollo esperaba el momento de caer sobre la patrulla inglesa.

El hacendado disfrutaba viendo a su hija destacarse en el tiro de mosquete, porque la niña Mérida, la amazona, como ya le llamaban, tenía una puntería excepcional, después de unos días de práctica y ya con su bohío construido, Mérida había empezado a enseñar a Belén y a Ramona a leer y a escribir, Ismael la miraba de lejos lleno de orgullo, él hubiera querido estar junto a ella para ayudarla en tan positiva labor, pero como dice un viejo refrán es tan malo pasarse como no llegar.

Pasaron varios días Ismael con sus clases de tiro a los negros, Mérida enseñando a leer y a escribir a Ramona y Belén y Don Benito en el palomar esperando algún mensaje, al fin llego la primera paloma que Don Benito recibió con ansiedad, tomo el pequeño papel doblado y atado a una pata y leyó.

Habana
La Patrulla de mameyes salió temprano de la ciudad rumbo a Matanzas, con el fin de traer a la Habana a los criollos acusados de rebelión, los ingleses piensan dar un ejemplo con ellos a fin de sembrar el terror, serán juzgados y fusilados.

La patrulla la forman diez "10" mameyes y 4 oficiales a caballo, y una carreta con la impedimenta, deben caminar paralelo a la costa norte, deben de llegar a Matanzas en la tarde.
El Cojimero

Después de leer el mensaje, Don Benito ordenó a Gonzalo.

- Manda un mensaje a tu gente en Matanzas para que estén pendientes del movimiento del enemigo, debemos saber cuando lleguen y cuando van a salir con los prisioneros, cuántos son los ingleses.

Rápido como un destello Gonzalo despacho una paloma a su gente en Matanzas, después Don Benito convocó a una reunión para esa noche en su bohío, nadie sabía para qué era la reunión, pero todos lo suponían, ellos sabían que algo importante Don Benito iba a tratar allí, Gonzalo le preguntó a Don Benito.

- Don Benito en esta reunión participarán los negros - Don Benito le pregunto a Gonzalo.
- Vamos a pelear solo con los blancos - el administrador le respondió.
- No, Don Benito, supongo que no.
- Entonces blancos y negros juntos deben de escuchar el plan que tengo en mente - esa noche ya todos reunidos en el bohío y a la luz de un farol escucharon el trote de dos caballos que se acercaban.

Ismael rápido apaga el farol - le ordenó Benito, el muchacho con la ligereza de sus 20 años cumplió la orden de Don Benito y pistola en mano salió fuera del bohío, dio contraseña acordada a viva voz.

- Valle de Yumuri.
- Región de Matanzas - gritó desde su caballo el negro Francisco, Traquilino le dijo a Ismael.

- Tranquilo, indicime que somos nosotros - Francisco y Traquilino detuvieron sus caballos frente a Ismael, amarraron los corceles, descendieron de ellos, y junto a Ismael entraron en el bohío.
- Han llegado a tiempo - les dijo Ismael y Benito les preguntó.
- Todo fue bien en el viaje.
- Si mi amo todo salió muy bien, trajimos el dinero para usted y un recado para Ismael - Francisco puso la bolsa con el oro sobre la mesa e Ismael, sin poder contener la ansiedad, le preguntó a Francisco.
- Dónde está la carta que me trajiste.
- No niño Ismael, lo que le traje a su merced no es una carta sino un mensaje a viva voz.
- De quién es el mensaje de mi madre.
- No, Ismael, el mensaje que le traigo es de Don Felipe, su señor padre.
- Y cuál es el mensaje que me mandó mi amo contigo - Francisco se sonrió y mirando a Ismael le dijo.
- De su señor padre Don Felipe, que está muy orgulloso de ti, que te quiere mucho y que tan pronto los ingleses abandonen la Habana, usted regrese a la hacienda, y si no lo haces, él va a mandar los ranchea dores tras de ti - Ismael no contesto nada solo se sonrió y dijo en voz baja como hablando con el mismo.
- Mi amo es un viejo terco, pero yo también lo quiero mucho - Don Benito tomó la palabra y dijo.

CAPÍTULO 23

LA EMBOSCADA

Todos adentro que no tenemos tiempo que perder - Siguiendo la orden de Don Benito todos entraron en el bohío, ya dentro Benito hizo cuentas.

- Estamos aquí Don Gonzalo, Lázaro, Jesús, Maria, Margarita, Francisco, Traquilino, Facundo, Andrés, Ismael y yo.
- Yo también estoy aquí, dijo la voz de Mérida que acababa de llegar - todo el grupo miró a la muchacha en espera de una reacción de Don Benito que conociendo que nada podía hacer al respecto miró a la muchacha y le dijo.
- Si tu mi amazona - como el amor no va siempre de acuerdo con la cordura, Ismael dijo.
- Señor Don Benito, yo me opongo a que su hija nos acompañe en algo tan peligroso - Benito con la experiencia de sus años y comprendiendo al muchacho le contestó.
- Yo sé Ismael, que uno trata de proteger lo que quiere, y te agradezco que estimes a mi hija, pero hay cosas que aunque uno quiera no se pueden evitar, pero si tanto te preocupa mi niña

Mérida, durante la operación tú vas a estar al lado de ella y tú la vas a proteger - Mérida miró a su padre y puede que con algo de altanería le dijo.

- Yo no necesito que nadie me defienda, pero si vamos a estar juntos, yo soy la que lo voy a proteger a él - todos los presentes, desde Don Benito, el amo, hasta Francisco, el esclavo, sabían lo que pasaba en el corazón de los jóvenes, y como lo que se sabe no se pregunta nadie comentó nada, Don Benito volvió a tomar la palabra y dijo.
- Somos trece y tenemos 15 mosquetes y una culebrina.
- Y cuántos son ellos amo? - pregunto el negro Francisco.
- Ellos son diez, cuatro a caballo, dos en la carreta y cuatro a pie - les explico Don Benito y agregó - la culebrina debe hacer el primer disparo, dirigido a los oficiales que deben marchar en la vanguardia y a caballo.
- Yo sé manejar la culebrina - les dijo Ismael, Don Benito volvió a tomar la palabra.
- Pero la culebrina no se debe operar por una sola persona, lo más recomendable deben de ser dos.
- Yo voy a estar con Ismael - les dijo Francisco.
- No negro, si Ismael tiene como él dice la responsabilidad de protegerme, su ayudante debo ser yo - yo que también tengo la responsabilidad de protegerlo a el - Don Benito retomo la palabra.
- Está bien que Ismael y la amazona le disparen a los oficiales de a caballo que encabezan la caravana, que ellos hagan el primer disparo con la culebrina.
- Y nosotros qué? - preguntó Francisco.
- Nosotros nos vamos a situar todos a un lado del camino y haremos fuego contra el resto de los soldados escondidos dentro de la

maleza, pero teniendo mucho cuidado de herir a ningún criollo que de seguro viajaran en la carreta.

- Y cuantos criollos deben de venir - le preguntó Gonzalo.

- Según se son cinco - le respondió Don Benito, se hizo silencio, un silencio de reflexión, Mérida hizo un gesto de saludo con la mano y sin mirar a Ismael salió del bohío, evidentemente la muchacha sabía ser más discreta que Ismael, pues el joven no le quito la vista de encima a ella hasta que la muchacha salió del bohío.

- Bueno señor, ahora tenemos que esperar por el momento del delso en combate de la guerrilla - dijo Ismael, después de estas palabras todos fueron a descansar, Don Benito estaba muy orgulloso de su hija Mérida la amazona, Mérida orgullosa de su padre y de Ismael, y el joven más enamorado que nunca y muy feliz por el mensaje que le había mandado su padre Don Felipe Fonseca del Fon secas. De Bayamo.

Pasaron varios días con la tensión que se vive en la espera de una acción de guerra, donde se sabe que el desempeño de las armas han de decidir tu vida, todos los negros y blancos esperaban la llegada de la paloma mensajera, y la paloma llego desde Matanzas.

Matanzas
Convoy debe salir mañana en la madrugada, con 10 ingleses, cuatro de a caballo y 6 de a pie, con una carreta donde van 4 criollos y dos negros.
Los hermanos

Don Benito volvió a reunir a todos en el bohío, y tomó la palabra.

- Ya hemos decidido cómo nos vamos a situar durante la acción - Ismael interrumpió a Don Benito y dijo.

- A la culebrina hay que hacerle una base de madera con dos ruedas.

- Ya yo lo mandé a hacer - le contestó Don Benito.

- Y ya el amo Don Benito escogió el lugar donde vamos a esperar a los ingleses - le pregunto el negro Francisco - Don Benito medito y después respondió la pregunta de su esclavo.

- Yo no conozco mucho esta zona, pero he pensado esperarlos y atacarlos cuando ellos estén cruzando el río Bacunayagua.

- Y cree usted, Don Benito, que el convoy inglés pase por allí - le preguntó Ismael.

- Según yo estudié, dice la geometría que la distancia más corta entre dos puntos es una recta, y entre Matanzas y la Habana el camino más corto es paralelo a la costa norte de la isla, y además es el más seguro para ellos porque en caso de quedar cercados pueden evacuar por mar, además por allí fueron a Matanzas por allí deben regresar contestó Don Benito, el capitán de Milicia puso sobre la mesa un pequeño plano que él había hecho del lugar que él había escogido y después tomó la palabra y explicó.

- Los vamos a esperar en el borde de los cangrejos, y vamos a colocar la culebrina en la orilla oeste del río para que Mérida e Ismael disparen sobre los oficiales a caballo a una buena distancia, y nosotros escondidos dentro de la maleza - también en la orilla oeste fusilamos el resto de la tropa con mucho cuidado de no herir ni a los cuatro criollos ni a los 3 esclavos - todo el grupo miro el mapa y Francisco comentó.

- No van a tener ni la más mínima posibilidad de escapar con vida.

- Y vamos a tomar prisioneros - le preguntó Gonzalo, Don Benito meditó la respuesta y al fin le dijo.

- De oficiales, claros que no de soldados, ya veremos que vamos a hacer con ellos después, nosotros no tenemos cárceles para tener prisioneros, ni hospitales para atender heridos.

Se hizo silencio, pues el problema que se trataba era sumamente delicado, porque era un problema de honor y de humanidad.

- Quien anda en el monte no puede arrastrar con prisioneros - dijo Andrés y agrego - rancheado mata cimarrón, cimarrón mata a rancheado.
- Bajo ninguna circunstancia vamos a matar a un prisionero - les dijo Mérida.
- Sí, señorita, pero la experiencia histórica dice que el que perdona pierde - le dijo Gonzalo - Don Benito, como jefe del grupo, decidió intervenir en una decisión que estaba entre lo que era humano y lo que era necesario hacer y les dijo.
- Vamos a esperar primero tener el problema para después resolverlo, ahora vamos a prepararnos para partir, porque debemos llegar primero que los ingleses al bando de los cangrejos, ahora debemos cabalgar hacia allí - dos horas después de dicho esto por Don Benito, los trece caballos y cuatro mulas con la impedimenta y la culebrina cabalgaban hacia el dardo de los cangrejos, con Don Benito e Ismael abriendo el camino en dos briosos corceles, detrás Gonzalo, Mérida y los negros en fila de a dos de tres alando la impedimenta de las cuatro mulas.

Llegaron al río y como lo habían planeado, colocaron la culebrina en la orilla oeste del baldo a unos 50 pies del agua, con sus artilleros Mérida e Ismael Don Benito ordenó

-       Bárbaro y Margarita suban a un árbol bien alto para que vigilen la
        llegada de los ingleses - más había tardado Don Benito en dar la
        orden que lo que habían tardado los negros en subir al árbol con
        la destreza de un gato, el resto del grupo ocupo sus puestos de
        combate con los mosquetes cargados y ballonetas caladas
        colocadas en el canon.

Después de una espera que le pareció a todos interminables,
Margarita imitó el canto de un pájaro dando la señal, vieron aparecer
en el lado este del río al convoy inglés, delante venían dos oficiales a
caballo y detrás dos más, después la carreta conducida por dos
soldados y en ella acostados en el piso y amarrados de pies y manos
los siete prisioneros los cuatro criollos y los 3 negros, puede que
negros cimarrones, puede que destinados a ser vendidos en la
Habana, detrás de la carreta cuatro soldados a pie terminaban el
comboy, los dos oficiales de a caballo que encabezaban la caravana
entraron en el bardo del río por la orilla este a paso lento, en realidad
venían seguros de que nadie se atrevería a atacarlos, la toma de la
Habana los había hecho más prepotentes, un oficial de granaderos
con los grados de coronel, otro con los grados de capitán y dos
tenientes también a caballo llegaron al medio del bardo, Mérida e
Ismael detrás de la culebrina que estaba completamente
camuflageada, la muchacha tuvo la intención de encender la mecha
de la culebrina, pero Ismael le tomo la mano y la detuvo, Mérida sintió
el calor de la mano de Ismael y tembló no por temor al combate, sino
por emoción, Ismael se pegó a su oido y le dijo muy bajo casi
imperceptible.

-       Espere señorita que Don Benito nos dé la orden de esperar a que
        todos estuvieran dentro del río para hacer el disparo - poco a poco

toda la caravana estuvo dentro del río, los cuatro granaderos de a caballo, la carreta con los dos soldados y los 7 prisioneros y los 4 soldados que venían a pie detrás de la carreta en la retaguardia con fusil al hombro y bayoneta calada, pero se veía que todos venían cansados por la larga caminata bajo un tórrido sol tropical, el clima del trópico cubano había hecho mella en ellos, por fin toda la caravana estuvo dentro del río

Nota: Se debe de hacer un buen boceto de la ilustración de la caravana ya dentro del borde y la gente de Benito emboscada en la orilla occidental del río.

Ismael volvió a tomar la mano de Mérida y la apuesta muchacha recibió el mensaje y encendió la mecha de la culebrina, se escuchó una sonora explosión y después el sonar de la fusilería, el disparo de la fusilería, el disparo de la culebrina había dejado fuera de combate a los dos primeros oficiales de a caballo, al coronel y al capitán, y el resto de los soldados habían quedado fusilados por los 11 disparos hechos por el resto de la guerrilla, los caballos corren desbocados, las mulas jalando la carreta corrieron también, y en su carrera se volcó los cuatro criollos cayeron en el agua del río sorprendido y golpeados; para evitar tener el problema de humanidad que tanto había preocupado a la niña Mérida, los 11 hombres con los negros cimarrones en la vanguardia corrieron con la balloneta y sin piedad remataron a los in gleses que habían quedado heridos, el negro Andrés clavo su balloneta en el pecho del coronel inglés con sana recordando los latigazos que tenía en su espalda.

Después de dejar fuera de combate a la patrulla inglesa, todo el grupo fue a asistir a los prisioneros, los sacaron del agua y los llevaron a la orilla del río donde los liberaron de sus amarras, los cadáveres de los ingleses fueron arrastrados por la corriente del río hasta la punta de Rubalcaba, Don Benito se dirigió a los prisioneros.

-   Caballeros ya están libres, pero yo les recomiendo que se escondan en un lugar seguro hasta que los ingleses abandonen la isla, porque después de esta acción de guerra los ingleses los van a buscar hasta debajo de las piedras, pero no por negarse a vender los caballos, ahora lo van a buscar para que ustedes le digan lo que paso aquí y quien los liberó.

Andrés y Francisco hablaron con los negros y les explicaron la ordenanza del gobierno, la orden firmada por el gobernador Porto Carrero que emancipaba a todo negro que peleara contra el invasor inglés, fue Francisco quien se dirigió a Don Benito y le dijo.

-   Don Benito, los negros se quedan a pelear con nosotros.
-   Tráelos ante mí - ordeno Don Benito, ya con ellos frente a él, Benito les preguntó.
-   Son libertos, esclavos o cimarrones.
-   Somos cimarrones, su merced le respondió uno de ellos.
-   De qué dotación, ingenio o hacienda huyeron, le preguntó Don Benito.
-   Del ingenio de Holanda - le contestó el negro.
-   En qué lugar está ese ingenio - volvió a preguntar Don Benito.
-   En Colón su merced.
-   Y porque huyeron de su amo - preguntó Don Benito, el negro le contesto.

- Le pedimos permiso a nuestro amo para ir a la Habana a luchar y lograr la libertad y nuestro amo nos negó el permiso - Don Benito interrumpió al esclavo y le preguntó.
- El amo de ustedes es criollo o español.
- No su merced nuestro amo es francés.
- Y como se llama ese francés.
- Don Fransua Tenardu - le contesto el negro.
- Es natural - comentó Don Gonzalo que había escuchado la conversación de Don Benito y el negro cimarrón y este continuo su historia.
- Nuestro amo nos echó detrás a tres ranchea dores, pero nosotros los sorprendimos, los derrotamos con los machetes, matamos a dos de ellos, uno logró escapar y nos delató a los ingleses que nos sorprendieron durmiendo, nos apresaron y nos llevaron a la Habana para vendernos o fusilarnos.
- Y como ustedes pudieron derrotar a los tres ranchea dores - le preguntó Don Benito.
- Con el machete, su merced, los tres somos buenos peleando con el machete.
- Y cuál es el nombre de ustedes - le preguntó Don Benito al negro que hablaba y este le respondió.
- Yo me llamo Pedro, mis amigos son Tomás y Rafael - se hizo silencio en lo que Don Benito meditaba, después retomo la palabra y le preguntó a Pedro.
- Y ahora qué quieres hacer.
- Queremos ir a la Habana a pelear contra los ingleses - le respondió Pedro
- Ya la Habana cayó en manos inglesas - le respondió Don Ismael, Don Benito le hizo una señal al muchacho con la mano en su boca para que no hablara, y le preguntó a Pedro.

- Y ustedes que quieren hacer ahora.
- Nosotros queremos pelear con ustedes, les respondió Rafael.
- Está bien, los vamos a llevar con nosotros, pero ahora salgan y encuentren los cuatro caballos y las dos mulas y tráiganlas aquí, lo vamos a necesitar - ordenó Don Benito, y los negros salieron a ejecutar la orden, Don Benito se dirigió a los criollos con la misma pregunta que le había hecho a los negros.
- Y ustedes qué es lo que quieren hacer.
- Nosotros tenemos familia, mi señor, familia que dependen de nosotros y no podemos abandonarla, de aquí nos vamos a recogerlos y después nos vamos a refugiar al poblado de Yagua mara en la Ciénaga de Zapata, y yo creo que hasta allí no lleguen los ingleses le contestó uno de los criollos, los esclavos regresaron con los cuatro caballos y las dos mulas y Don Benito les ordenó a los criollos.
- Tomen los caballos de los oficiales y sus armas también para que no anden desarmados, y requisen la impedimenta, si nosotros los llegamos a necesitar ya sabemos dónde los podemos encontrar - unos minutos después los cuatro criollos parten para el poblado de Yagua mara y la guerrilla de Don Benito con sus tres nuevos integrantes, Pedro, Tomás y Rafael montados en los dos mulos regresaban a los bohíos en el Valle de Yumuri, llegaron al batey cayendo la noche y antes de acostarte a dormir, comieron un ajiaco criollo que Ramona y Belén les habían preparado, pero antes de caer en sus hamacas Don Benito le ordenó a Francisco.
- Mañana tú, Pedro, Tomás y Rafael van a empezar a construir otro bohío, los demás a las clases de tiro con los artilleros de la guerrilla que son mi hija Mérida e Ismael
- Temprano en la mañana cumpliendo la orden de Don Benito, los negros Francisco, Pedro, Rafael y Tomás salieron a derribar unas

palmas reales para construir el nuevo bohío la madera dura el niqui y la majagua para los orcones fueron cortados por Traquilino todos habían entrado en función entre tanto Don Benito mando una paloma a la hacienda de Don Felipe Fon saca Hong del Fon secas de Bayamo, para darle las gracias por el dinero aportado a la causa y contarle la participación de su hijo Ismael en la emboscada y sobre todo destacar su valentía, la valentía como había defendido la hidalguía heredada de España y la rebeldía de África, moraleja lo que se hereda no se roba, la paloma voló el mensaje que llego, Don Felipe leyó la nota con orgullo de padre y dirigiéndose a Julia la madre de Ismael le dijo.

- Ya localicé al cimarrón de tu hijo, ya sé donde lo puedo encontrar - la negra baja la vista y le preguntó a Don Felipe con humildad, una humildad que le salía del alma de su alma de madre.

- Y que va a hacer su merced? Va a mandar a los ranchea dores a buscarlo para traerlo aquí y azotarlo

- No seas trágica negra, tú sabes muy bien que eso no va a pasar, lo único que siento es no ser más joven para ir a con él, no a castigarlo, sino a luchar con él contra los ingleses - Julia le preguntó a su amo o marido.

- Y está como es eso su merced, si la habana ya cayó en manos de los ingleses, según yo sé - Francisco interrumpió a su amo.

- Si mi amo, cómo es que mieto está luchando contra los ingleses, si como dice mi hija Julia ya la Habana cayó.

- Si negro la Habana cayó, pero la isla de Cuba no, y mi hermano Mason Don Benito Moreno está luchando contra ellos con una guerrilla y el cimarrón de tu nieto se ha unido a el - Julia con el orgullo de su madre y la confianza que ella tenía con su amo, por el amor que él tenía hacia ella le dijo a Don Felipe.

- Su merced debe entonces estar muy orgulloso del que él llama el cimarrón, que es en definitiva su hijo - se hizo silencio y Don Felipe salió de la vivienda sin decir palabra alguna, pero ese día aquellas palabras de Julia hizo que Don Felipe Fonseca Hong, tomará una importante decisión el hacendado tomó su caballo y junto a dos negros se dirigió a ver a su notario y contador, dos horas después llego a Bejucal donde él sabía que encontraría a Manuel Rubarcava, ya en la oficina de Rubarcava y sentado junto a él le dijo.
- Amigo Rubarcava vengo a hacer mi testamento, ya estoy viejo y creo que ha llegado el momento de poner las cosas en orden y darle al césar lo que es del césar y a Dios lo que es de Dios.
- Claro Don Felipe, vamos a hacerlo ahora mismo - le contestó Manuel Rubarcava - Don Felipe Fonseca había tomado una sabia decisión a sus 72 años, sabía y sobre todo justa, el lector debe imaginar ahora lo que más adelante sabrá, tomando en cuenta lo dice la poesía de Martín Freno.

Escucha bien lo que digo
Y sigue por mi consejo
El diablo sabe por diablo
Pero más sabe por viejo

CAPÍTULO 24

SEGUNDO VIAJE

Ahora debemos dejar a Don Felipe en la oficina del señor Manuel Rubarcaba cumpliendo con su deber de padre y volvamos a la hacienda Paso Redondo,
donde Don Gabriel acaba de recibir una paloma con un importante mensaje.

Señor Don Gabriel.

Querido amigo, mi hija Mérida y mi esclavo Francisco, acompañado por Ismael, está en camino para la hacienda con la misión de comprar armas y pólvora, y espero poder contar con su ayuda para este propósito, apoyarse en mi hija, mi esclavo e Ismael.

Atentamente Don Benito Moreno

Don Gabriel, tan pronto leyó el mensaje que había traído la paloma mensajera, se presentó frente a Dona Teresa, que leía en el portal de la casona acompañada como siempre de sus hermanas, la urraca parlanchina Doña Laura y Dona Leticia.

- Doña Teresa ha recibido un mensaje de su esposo, en el que me anuncia la inminente llegada de su hija Mérida, su esclavo Francisco e Ismael - le dijo el administrador, Laura sin perder tiempo le dijo a su hermana.
- Tan pronto llegue esa rebelde sin perder tiempo la mandamos para el ingenio de San Cristóbal.
- Doña Laura, creo que por ahora no se va a poder hacer eso porque Don Benito me ha encomendado una misión de urgencia - le contestó el administrador.
- Bueno hermana, si Don Gabriel no la puede llevar, la mandamos con su hijo - le dijo Leticia, Don Gabriel, que sabía gozar con aquella conversación, le dijo a Dona Teresa, ignorando lo que había dicho la urraca menor dijo.
- Doña Teresa tengo orden de Don Benito de viajar acompañado de su hija, su esclavo y el joven Ismael.
- Usted está diciendo eso en serio Don Gabriel - le preguntó Laura, el administrador no perdió tiempo en contestar.
- Claro Dona Laura, muy en serio, y yo por ninguna razón voy a desobedecer la orden del señor Benito - se hizo silencio total roto por Dona Teresa.
- Señor administrador, si esa es la orden de mi marido, eso es lo que hay que hacer, porque ya lo dice un viejo refrán donde manda capitán, no manda marinero.
- Buena Doña Teresa, ya usted está informada, yo por lo pronto voy a poner en orden todo en la hacienda para que funcione bien durante mi ausencia y voy a preparar también todo en la goleta, para tan pronto llegue su hija, Francisco e Ismael salir.

- Va usted a volver ir a la isla de Jamaica - le preguntó Teresa a Don Gabriel.
- No, señora Teresa, esta vez no vamos a hacer trueque, esta vez vamos a comprar las armas con oro y yo prefiero ir al virreinato de Nueva España al puerto de Campeche, donde yo tengo muy buenos amigos.
- Pero el viaje a Campeche no es más largo que a Jamaica - preguntó Dona Teresa
- Dona, tiene usted la razón, pero yo prefiero ir allá, además cuento con dos buenos pilotos - le respondió Gabriel.
- Y quienes son esos dos buenos pilotos de los que usted habla, señor administrador - le preguntó la urraca mayor Doña Laura - Don Gabriel había esperado esta pregunta para darle el gusto de contestar.
- Quienes pueden ser Dona Laura, mis mejores alumnos, su sobrina, la amazona y el joven Ismael.
- Y a mi hija le dicen ahora la amazona - le preguntó Dona Teresa, fingiendo enojo cuando en realidad sentía orgullo.
- Hay Dios mío, qué cosas vamos a tener que ver y oír en esta guerra - le comentó Laura.
- Bueno señor, tengo que ir a preparar la goleta, les dijo Don Gabriel y con un gesto de la mano se despidió y salió caminando hacia su caballo para ir al muelle del surgidero donde tenía amarrada la gaviota.

Dos días después, en lo que cenaban escucharon llegar un grupo de caballos, Don Gabriel salió a recibirlos al portal de la casona, montados en varios caballos, venían Mérida, Ismael, Francisco, Belén, Ramona, Andrés y su escudero Miguel, detrás la impedimenta en las mulas, Mérida entró en la casa y como si nada hubiera pasado le dio un beso a su madre y otros a sus tías, y disfrutando su victoria se dirigió a su madre y le dijo.

- Le expliqué todo a mi señor padre y él me dio la razón y su bendición
- Laura, sin poder resistir su derrota, se dirigió a Mérida y le dijo.
- Conque ahora te dicen la amazona.
- Si tía así es - le respondió la muchacha.
- Y a quien se le ocurrió ese nombre le preguntó Leticia.
- A los ingleses a ellos se les ocurrió, le contestó llena de orgullo la amazona Mérida.
- Tres días después de esta charla, la goleta zafaba cabos del Surgidero de Batabanó con rumbo al puerto de Campeche, en el virreinato de Nueva España, llevaba como Capitán a Don Gabriel y como pilotos o timoneles a Ismael y a la amazona Mérida; como cocinera a Belén y a Ramona y como marineros de cubierta a Francisco, Traquilino, Facundo, Andrés y Miguel, no eran solo 10 marinos eran 10 guerreros dispuestos a luchar por expulsar al invasor inglés de Cuba.

Salieron al amanecer con rumbo suroeste, el mismo rumbo que había hecho el conquistador español de México Don Hernán Cortes, pero como el viaje es largo, tendremos tiempo de hacer esa historia al detalle.

- Con el timón entre sus manos y con la oportunidad de hacer realidad su sueño de ir a comerciar al Virreinato de Nueva España, Don Gabriel entonó su canción.

Con dos cañones por banda
Viento en popa y a toda vela
No corta el mar, sino vuela
Un velero Bergantín

Qué razón tuvo Don Miguel de Cervantes y Saavedra cuando dijo

"Cómo sabe el cielo, sacar de nuestras mayores adversidades nuestros mayores provechos"

En lo que la Gaviota y su tripulación navegan por el mar Caribe rumbo a la Bahía de Campeche, vamos a ver lo que está pasando en la Habana, en el estado mayor inglés, donde el conde de Albermales le reprocha a sus oficiales.

- Yo no puedo creer que como por arte de magia hayan desaparecido cuatro oficiales y 6 soldados británicos con 7 prisioneros y de que ellos nada se sepa.
- Yo sospecho que hayan sido atacados por una partida de negros cimarrones - le respondió el capitán Minot - Keppet miro a Minot con enojo y le dijo.
- Pues yo no puede creer eso, es completamente ilógico, los cimarrones no se atreven a atacar a un pelotón de soldados británicos, no lo creo y menos creo que lo hayan vencido en una pelea de mosquetes contra machetes - se hizo un total silencio la lógica de Keppet había desarmado la palabra de Minot, el Jefe de inteligencia tomó la palabra.
- Se rumora que en la zona del Valle de Yumuri opera un grupo de guerrilleros criollos - Keppet retomó la palabra con una pregunta
- Y quien se supone que comanda esa guerrilla.

- Según los datos de inteligencia que yo tengo, la guerrilla de criollos y algunos negros es comandada por una mujer, una criolla que se ha convertido en una heroína de los cubanos, que el pueblo la ha bautizado con el nombre de la amazona respondió Minot.
- Una especie de Juana de Arcos cubana - dijo el general Keppet.
- Algo así corroboro el mayor Cortes, Keppel retomo la palabra.
- A esa Juana de Arcos tropical nosotros le vamos a hacer lo mismo que nuestros antepasados le hicieron a la Juana de Arcos francesa.
- Quemarla - dijeron a coro Minot y Cortes, el general retomó la palabra.
- Pero para poder hacer eso, primero nosotros tenemos que atraparla a ella y a sus secuaces, y tenemos que hacerlo antes que su guerrilla crezca y se consolide y se nos salga de control, si no podemos derrotar a un grupo de campesinos y negros dirigidos por una mujer, como vamos entonces conquistar la Isla de Cuba - Se volvió a hacer silencio roto de nuevo por la voz del general Keppet que ordeno.
- Capitán Minot disponga usted de dos compañías de infantería, un regimiento de caballería y batería de cañones y parta en la mayor brevedad hacia el Valle de Yumuri y tráigame por los pelos a esa revoltosa yo no creo que una niña y un grupo de negros puedan derrotar al ejército de su majestad - tres días después de esta reunión y con la orden del general Keppet en desarrollo, Don Benito recibió una paloma mensajera en el Valle de Yumuri con un importante mensaje.

Habana Belén

Ha salido de la ciudad un contingente de soldados con piezas de artillería e impedimenta.

Don Benito leyó la nota y se dirigió a Gonzalo.

- Los ingleses tienen la intención de hacernos la visita, ha salido de la Habana un gran contingente de soldados de las tres armas, infantería, caballería y artillería.

- Y que usted ha decidido hacer, Don Benito le preguntó Gonzalo.

- No tenemos armas ni pólvora suficiente para hacerles frente, nos vamos a refugiar en la Ciénaga de Zapata, en el batey de los criollos que liberamos.

- Y yo que usted dispone que yo haga - le preguntó Gonzalo.

- Tú debes quedarte aquí en la hacienda, sería demasiado sospechoso una hacienda sin un administrador, además ellos no tienen nada contra ti, quédate con tu familia y un esclavo viejo, yo y los demás nos vamos para Maná piaré en la Ciénaga de Zapata.

Ahora en lo que el batallón inglés llega al Valle de Yumuri, nosotros volvamos a la goleta para acompañar a su tripulación a navegar a Campeche, donde Gabriel tiene buenos amigos allí para hacer su negocio, digo negocio para llamar de una manera más amable una operación de contrabando, el capitán de la gaviota tiene la intención primero de comprar armas y pólvora y segundo dar comienzo a un negocio de contrabando con sus amigos del Virreinato de Nueva España

Como ya se ha contado, el capitán Don Gabriel Safo cabos y desplegó el velamen con un viento favorable de popa, puso rumbo Sur Oeste para atravesar la cayería y pasar entre la ensenada de Deyaniguas y la cayería de San Felipe y se fue alejando de la Isla, ya fuera del peligro de encallar o chocar con un arrecife Don Gabriel le entrega el timón a la amazona e Ismael protesto.

- Yo pensé que gobernaría ahora yo - Mérida, Francisco y Don Gabriel tomó la palabra y dijo.
- Según me han dicho joven Ismael, usted tiene estudios de bachiller.
- Si Don Gabriel, el joven Ismael, tiene esos estudios, su padre le dio estudios - corroboro el negro Francisco, Don Gabriel retomo la palabra y le pregunto a Ismael.
- Tiene usted conocimiento de historia.
- Es mi asignatura favorita porque, como dijo el gran escritor español Don Miguel de Cervantes y Saavedra, la historia es émula del tiempo, depósito de las acciones, testigo de lo pasado, ejemplo y aviso de la presente, advertencia de lo por venir, o como también dijo el gran filósofo chino Confucio, el que quiera saber lo que va a pasar, debe estudiar lo pasado, porque los hombres no cambian su manera de proceder lo que cambia es el tiempo.
- Siendo así yo creo que usted Ismael me va a poder complacer en lo que le voy a pedir.
- Y que me va a pedir usted, Don Gabriel - le preguntó Ismael.
- Le voy a pedir que me cuente usted todo lo que sabe sobre la conquista del imperio Azteca - le dijo el capitán de la goleta a su piloto - Ismael no dudó y le contestó.
- Yo creo que lo voy a poder complacer, porque esa fascinante parte de la conquista de América la he estudiado muy bien.
- Bueno, niño, somos todo oídos - le dijo Francisco, en lo que él y Don Gabriel se acomodan al lado de Ismael, y Mérida continuaba gobernando.
- Nuestros antepasados que conquistaron este continente eran hombres de buen corazón, hombres excepcionales que de todo se les puede acusar menos de no tener coraje.

-   Eso está fuera de toda discusión - dijo Don Gabriel, - Ismael continuó.
-   Pues esos hombres se dividieron entre conquistadores y exploradores, entre los grandes exploradores.

CAPÍTULO 25

HISTORIA DE MÉXICO

Son dignos de destacar Fernando de Magallanes, Vicente Yáñez Pinzón, Juan de Solís y Grijalva que explora las costas mexicanas entre 1497 y 1500, este Grijalva exploró las costas de Yucatán llegando hasta Tampico tomando en cuenta lo dicho por estos exploradores el gobernador de Cuba Diego Velázquez de Cuello, destino al explorador y capitán Francisco Hernández de Córdoba y este exploró y descubrió lo que hay en Ca tache, Campeche y Chempatan, pero el viaje de este capitán fue un viaje de exploración y no de fundar colonias, pero de alguna forma estos viajes aportaron algo y crearon el deseo y la ambición de conquista de otras tierras, estas exploraciones se hicieron en el año de 1519.

Al año siguiente en el año de 1518 un capitán con mucha experiencia, el explorador Juan de Grijalva también mandado por Diego Velázquez descubrió la Isla de Cozumel, Grijalva era acompañado por dos célebres caballeros de la conquista, Bernal Días del Castillo cronista e historiador y el capitán Pedro de Alvarado caballero de la orden de Santiago, Pedro de Alvarado si fue un gran conquistador en esta expedición los españoles fueron informados por los indios de la existencia de un gran imperio tierra adentro lleno de riquezas, oro, plata y piedras preciosas gobernado por un gran emperador nombrado Moctezuma, estos informes causaron gran conmoción entre los españoles que habían colonizado Cuba y que habían amenazado fortunas con la explotación de los indios cubanos dados en encomienda.

Entre estos españoles había uno dado a pasar a la historia de la conquista de América, Don Hernán Cortes, un hombre de la región española de extramuros, un hidalgo con educación, cosa poco común entre aquellos aventureros, Hernán Cortes había salido de España pobre, pero con preparación, había estudiado en la universidad de Salamanca - Don Gabriel interrumpió a Ismael con una pregunta.

- Y qué fue lo que estudió Cortes en la universidad de Salamanca - Ismael continuó.
- Don Hernán Cortés estudió en esa famosa Universidad leyes y latín, desde allí abandono los estudios y vino a América - Francisco interrumpió al profesor improvisado Ismael con un comentario.
- Ese Hernán Cortes tenía más vocación de guerrero que de letrado, en eso se parece a usted joven Ismael.
- En eso tú tienes razón negro - les dijo Mérida e Ismael continuo.
- Hernán Cortés logró hacer fortuna en solo 7 años, fue comendador, escribano y así demostró madera de líder, porque además de buen guerrero fue un gran diplomático, porque a pesar de haber tenido problemas con el adelantado Diego Velázquez, este lo escogió para comandar una expedición - Mérida interrumpió a Ismael con una pregunta.

- Y cuál fue el problema que tuvieron Velázquez y Cortés - Ismael se sonrió porque era conocedor de la Historia - Mérida le dijo.
- No se ría su merced y cuente lo que sabe - Ismael la complació.
- En los días que convivieron juntos en la Villa de Santiago de Cuba los dos conquistadores llegó a esta Villa el hidalgo Juan Suárez y con él sus tres hermanos, como en la Villa había pocas mujeres blancas, o sea mujeres españolas fueron, fueron rápidamente cortejadas, se supone que las hermanas Suárez eran andaluzas porque las tres muchachas eran muy salerosas digo salerosa para no calificar de otra manera su modo de proceder, la mayor se casó con Don Diego Velázquez, la segunda Catalina le entrego su amor a Hernán Cortes, que todo parece indicar que tenía un hablar bonito, pero el pícaro de Cortes después de provocar el dulce amor de Catalina, digo dulce, porque el amor aunque te haga sufrir es dulce, pues Hernán no se quiso casar con ella y como es natural el escribano y el gobernador chocaron y Diego Velázquez sin perder tiempo metió a Cortes en la cárcel, ante esta situación Cortés se aconsejó y se casó con Catalina.
- Una boda así debe haber sido algo muy terrible para Hernán Cortes - volvió a comentar Mérida, Ismael continuó.
- Puede que para poder escapar de Catalina, Cortés se enroló en la expedición a México, o mejor dicho, al imperio Azteca.
- Velázquez cree en el arrepentimiento de Cortes y sin tener en cuenta la máxima del que perdona pierde, organiza junto a Cortés una expedición ya no de exploración sino de conquista, una expedición que cuenta con 11 naves, 550 soldados y 16 caballos, a esta expedición se unen escribanos, historiadores y por supuesto sacerdotes; como en la vida todo cuesta dinero, la expedición es financiada por Velázquez, Cortes y otros aventureros que también tomaron parte en ella.

- Siguiendo todos los canales legales, el gobernador de Cuba Don Diego Velázquez solicita a la corona española la licencia para explorar el imperio Azteca, los curas Jerónimos que gobiernan en la Isla de la Española mandan a España al caballero Benito Martin para solicitar la autorización del emperador Carlos V.
- Ya con todo listo para zarpar los navíos, Hernán Cortes se entera de que el gobernador Diego Velázquez a cambiado de opinión y lo piensa sustituir - Gabriel interrumpe a Ismael y le pregunta.
- Y qué hizo Cortés - Ismael continúa.
- Lo único que podía hacer un hombre con tanta energía y coraje como lo era Cortés, da la orden de levar ancla y salir a la mar, los 11 buques navegan por la costa Sur de la Isla de Cuba, entre la cayería de los jardines de la reina y la Isla de Jamaica, Cortés entra en la bahía de Jagua y hace tomar alimentos y agua, después regresa a la mar posteriormente vuelve a pisar tierra en la península de Guanacahíbes en la zona occidental de la isla de Cuba, de allí vuelve a zarpar y llega a la isla de Cozumel donde Hernán tiene la suerte de encontrar un español que lleva 8 años viviendo allí entre los indios.
- Pero como un español estaba viviendo allí - le preguntó Gabriel.
- De seguro este español era un superviviente de algún naufragio de alguna nave que participara en una expedición de exploración - le contestó Ismael, y Mérida le preguntó.
- Y cuál era el nombre de este español.
- Gerónimo de Aguiar - le contestó Ismael.
- Y por qué dice usted que Cortés tuvo la suerte de encontrar este tal Gerónimo de Aguiar le volvió a preguntar Mérida, de nuevo Ismael tomó la palabra.

Este hombre Gerónimo de Aguiar llevaba como ya les he dicho 8 años viviendo en la isla de Cozumel y conocía los problemas que había entre los aztecas y las tribus sometidas por ellos, Cortes al partir a la conquista del imperio llevó con él al español Gerónimo de Aguiar, Cortés fue por tierra, mientras la flota iba por mar, llegó al río Tabasco y allí tuvo que pelear, pero venció a los indios y después negoció con ellos, allí Hernán Cortes recibió un regalo de mucha importancia que fue una india la malinche, a la que Cortés bautizó con el nombre Marina y la convirtió en su amante, esta singular mujer fue una valiosa aliada de Cortes en la conquista, porque la malinche o Marina dominaba varios idiomas y dialectos indígenas y además odiaba profundamente a los aztecas que la habían tenido de esclava.

- Una de las grandes virtudes de Hernán Cortes fue su diplomacia con la que logró alianza con tres tribus de Tlaxcala y Huexatzinco, allí Cortés tiene conocimiento que los aztecas someten a muchas otras tribus, que el emperador Monte zuma cobra tributos y hasta lleva a muchos de los vencidos al altar del sacrificio de los dioses aztecas - Gabriel interrumpió a Ismael y le comento.

- La vieja política del gran Nicolás Maquiavelo, que dice divide y vencerás, después Cortés visita la ciudad de Kampala, la capital se los tothom y recibe el apoyo de su cacique que Cortés bautizó como el gordo de Cempoala - Mérida volvió a interrumpir a Ismael con una pregunta muy interesante pregunta, una pregunta que señala su contesta la capacidad diplomática de Hernán Cortes.
- Y qué hizo el conquistador Hernán Cortés para ponerse a bien con la corona española, después de haber desobedecido la orden de Diego Velázquez - Ismael continuó.

- Para no desafiar a la corte el inteligente Hernán Cortes funda en julio de 1517 la Villa Rica de la Veracruz, ósea la Villa de la verdadera Cruz cumple Cortés, con todos los requisitos, nombró un cabildo que a su vez lo nombró al capitán general con todos los poderes, con esta designación Cortes rompió definitivamente con Diego Velázquez, después Cortés le envió una carta a la reina Juana y al rey Carlos V que fecho el 10 de julio de 1519, en la cual le explicaba las razones que tuvo para independizar a Diego Velázquez, Hernán Cortes acusó a Diego Velázquez de tirano, y de paso le explica a los reyes de España los inmensos tesoros que guarda el imperio azteca, y solicita la confirmación de su nombramiento como capitán geniso!

- Cortes sabía que a los reyes no le importa quien mandara siempre que a ellos les llegaran sus ganancias, Hernán Cortes no se detuvo a esperar la autorización real y continuó la conquista del imperio Azteca, la conquista de la gran Ciudad de Tenochtitlán.
- Y cómo reaccionaron los aztecas ante tan inminente peligro - le preguntó Don Gabriel - Ismael continuó.
- En la Villa Rica de la Vera Cruz recibió Cortes una embajada compuestas por grandes señores del imperio, que le traían un doble mensaje, porque además de traer grandes regalos, le dijeron al español que el emperador Monte zuma les pedía que fueran por donde mismo habían venido, y para tratarlos de intimidad le dijeron que ellos tenían un ejército de más de un millón de hombres, un millón de guerreros indios.
- Y qué pasó le preguntó a Gabriel.
- Como era de esperar, muchos de los españoles se intimidaron y hablaron de regresar a Cuba en los mismos barcos en que habían venido.

- Y qué hizo Cortés ante esa situación - le preguntó Francisco, Ismael continuó.

- Como un hombre de carácter y acción, el conquistador español Hernán Cortes quemó sus naves, el mensaje que mandó a sus hombres era bien claro, los cobardes que quieren regresar a Cuba lo tendrían que hacer nadando, su próximo paso fue aliarse con las Totonacas y los Tlaxcaltecas y después emprender el camino hacia la gran ciudad de Tenochtitlan capital del imperio, en la ciudad de Tlaxcala tuvo que volver a pelear con los indios, pero la suerte volvió a correr a su favor y ganó la pelea.

- La suerte, el valor y el armamento - le comentó Don Gabriel, Ismael lo aprobó con un signo de cabeza y continuó, el joven disfrutaba de cómo su educación y cultura lo hacía lucir bien ante Francisco, Gabriel y sobre todo ante Mérida.

- El emperador Moctezuma envió regalos a Cortes con la esperanza de hacerlo desistir de su propósito de llegar a la gran ciudad que los aztecas habían fundado sobre una laguna donde ellos habían visto a un águila devorando una serpiente.

- Y que tenía que ver el águila devorando la serpiente para que ellos fundaron la ciudad allí - le preguntó Francisco - Ismael, con pleno conocimiento de la historia, le explicó a su amigo.

- Se supone que los Aztecas venían del norte, como eran gente muy supersticiosa, creían una leyenda que les decía que tendrían que asentarse donde vieran un águila que devoraba una serpiente y todo parece indicar que fue donde estuvo la ciudad de Tenochtitlán.

- Y qué hizo Cortés después de fundar la Villa Rica de la Veracruz - le preguntó Mérida e Ismael le siguió contando.

- Cortes siguió avanzando con 400 hombres y 15 caballos y más de 4000 indios aliados, Hernán Cortes llegó a Tenochtitlan el día 3 de noviembre de 1519 en supuesto son de paz, el propio emperador rodeado de su corte salió a darle la bienvenida.

- Que pensaría Monte zuma de todo aquella gente tan diferente a él - le pregunto Mérida, Ismael continuo.

- Como era de esperar, el emperador estaba profundamente impresionado con la presencia de aquellos extranjeros, Cortés se dio cuenta de ello y lo utilizó en su propio beneficio tratando de persuadir al emperador que la única solución que Moctezuma tenía era someterse a él y al rey de España en paz, que era en sí rendir un ejército de más de un millón de guerreros Aztecas a mano de 500 españoles.

- Y qué pasó le preguntó Francisco e Ismael continuó.

- Monte zuma le creyó a Cortes toda su falacia y cayó en su trampa, pues el conquistador era conocedor de sus puntos débiles, que eran su superstición y la división que había entre los indios, los puntos débiles de aquel imperio, el conquistador estaba impresionado con la grandeza de aquella gran ciudad sus palacios sus templos, un conjunto urbano rodeado de canales y volcanes.

- Y como estaba repartido el poder en aquel gran imperio - le preguntó Don Gabriel, Ismael que gozaba de sus conocimientos y elocuencia, el joven Ismael se estaba luciendo ante sus alumnos, no hay nada que haga sentir mejor a un profesor que poder responder a todas las preguntas de su alumnado, Ismael continuo.

- Existía entre aquellos pueblos unas pirámides de poder social en la cual Monte zuma ocupaba el lugar más alto, después de él los nobles, los sacerdotes, caciques y guerreros y al final en la base de la pirámide el sufrido indio, esta división de poderes era algo parecido a la de España, donde el rey era la máxima autoridad, después los nobles, los hidalgos, la iglesia y al final los campesinos y esclavos, pero algo si no le pareció bien a los con quietadores españoles que eran los sacrificios humanos dedicados a los dioses paganos que adoraban a los dioses paganos que adoraban los aztecas,

- y además tampoco el incesto que era algo natural entre los aztecas - Ismael continuo.

- En el palacio del emperador, Hernán Cortes trataba de convencer a Monte zuma de que se declara vasallo de los reyes de España, Monte zuma tenía por seguro

- que Hernán Cortes era la reencarnación del Dios Azteca Quetzalcóatl que había regresado a reclamar su poder, en lo que Cortés trataba de convencer a Monte zuma, algo sucedió que al final terminó. Por favorecer a Cortés.

- Y qué fue lo que sucedió que pudo favorecer a Cortes en un momento tan complicado - le preguntó Mérida, Ismael continuo

- H abia llegado de Cuba el conquistador Pánfilo de Harvaes un hombre sumamente cruel que había acompañado al adelantado Don Diego Velázquez de Cuéllar en la conquista de Cuba y al cual se le atribuye el haber realizado la célebre matanza de indios de Cao nao, pues Pánfilo venía acompañado de 800 soldados de infantería, 80 a caballos y cánones.

- Hernán Cortes comprendió que tenía que actuar de inmediato y con coraje su destino sería una daga o una barca, y decidió tomar el toro por los cuernos y fue al encuentro de Narváez, él y 250 de sus mejores hombres.

- Y a quien Hernán Cortes dejó al frente al contingente español, para controlar al emperador Moctezuma - le preguntó Don Gabriel - Ismael continuó.

- Cortés dejó en Tenochtitlan a Pedro de Alvarado con la orden de no perder de vista al emperador, otra vez la diosa de la fortuna favoreció al intrépido Cortes con el apodo del Cacique en el pueblo de Campola, sorprendió a Narváez lo hirió y le tomó prisionero, después negoció con él y los convenció de que lo más inteligente sería seguir vivo y ganarle a Monte zuma y los logró convencer, pero le llegaron noticias de Tenochtitlan.

- Y qué pasó en la ciudad durante la ausencia de Cortés - le preguntó Francisco, Ismael continuó.
- Los Aztecas se habían rebelado contra el capitán Pedro de Alvarado y este había realizado una gran matanza de nobles, la nobleza Azteca luchaba ahora por expulsar a los españoles de Tenochtitlan.

Cortes se apresuró en regresar y llegó en la noche, y fue directo al palacio de Monte zuma, y obligó al emperador a tratar de tranquilizar al pueblo desde la azotea del templo mayor, pero las palabras de Moctezuma fueron contestadas con piedras y el emperador fue herido y a los tres días murió.

- Y quien tomó el mando, quien lo sustituyó en el trono - le preguntó Mérida, Ismael continuó.

Le sucedió en el trono su hermano Guitlhuas el 30 de junio de 1520 se produjo la famosa noche triste, en medio de la noche y peleando por defender sus vidas, Cortés y sus hombres salieron de la ciudad de Tenochtitlan y fueron a refugiarse en Tlaxcala, la lucha fue tal que algunos españoles solo lograron escapar nadando por el lago.

- Y cuantos españoles murieron aquella noche - Le pregunto Mérida - Ismael continuó.

- En la noche triste murieron más de 800 españoles y 5000 indios aliados, esa noche fue un gran desastre para Cortes, porque el conquistador perdió un gran número de hombres y caballos.
- En la ciudad de Tlaxcala, Cortés no perdió ni el tiempo ni el ánimo - Don Gabriel interrumpió a Ismael para hacer un aceptado comentario.
- Hernán Cortés era un hombre de hierro - Ismael continuó su clase de historia de la conquista del imperio Azteca.
- Cortes en la ciudad de Tlaxcala se preparó para contraatacar a los nobles Aztecas y al nuevo emperador Cuitlahuac, pero la suerte nunca abandonó a Cortes que recibieron refuerzos de la Isla de la Española, Jamaica y Cuba.
- Cortes planeo muy bien su nueva campaña y mandó a construir 13 naves para poder la ciudad por el lago, las salidas por tierra quedaron bloqueadas, la ciudad fue duramente castigada por el hambre y las epidemias, la viruela mató a Cuitláhuac que solo pudo reinar 80 días, fue sustituida por Cuauhtémoc un joven príncipe guerrero, uno de los guerreros aztecas que atacó a Cortes durante la noche triste.
- Y qué tiempo duró el asedio de la ciudad - le preguntó Mérida.
- El 30 de diciembre de 1520, con el fin del año, comenzó el ataque de los españoles y sus aliados indios de Tlaxcala, Cortes tomo a Texcoco como cuartel general, después continuó su política de hacer alianzas con otras tribus subyugadas por los aztecas, había comenzado el ataque final a la ciudad torturada por el hambre y la epidemia de viruela.
- El hambre es muy mala consejera - le comentó Francisco.
- Si negro el hambre es muy mala consejera corroboro Don Gabriel - Ismael continuo.

- Tras meses sin alimentos los aztecas se habían debilitado por días, el ataque final fue directo por tres calzadas, por una quanza el capitán Pedro de Alvarada, por la otra el capitán Cristóbal Olid y por la tercera Calzada avanzó el capitán Sandoval, las tres columnas lograron penetrar a la agobiada ciudad la batalla fue un espanto, calle por calle, templo por templo, Hernán Cortes entre tanto al mando de los botes atacó desde el lago.
- Y los aliados indios de los españoles pelearon bien - le preguntó Don Gabriel - Ismael continuó.
- Se debe de reconocer el valor demostrado en la batalla por los Tlaxcaltecas, estos indios pelearon para vengar todas las ofensas hechas contra ellos por los Aztecas.
- Y que hizo Cuauhtémoc - le preguntó Don Gabriel - Ismael continuó.
- El 13 de agosto de 1521, al verse perdido, el príncipe Cuauhtémoc trato de huir, pero fue capturado por el capitán Pedro de Alvarado, que lo llevó ante Cortes, que lo torturó sin piedad para que confesara dónde habían escondido los tesoros.
- El gran príncipe no hablo ni una palabra a pesar de las torturas que le infringieron los católicos, la ciudad de Tenochtitlan se había rendido y con ella había caído el imperio Azteca, en la batalla murieron más de, 15000 indios y unos 1000 españoles, al año siguiente desde Valladolid en España el emperador Carlos V nombró a Hernán Cortes gobernador y capitán general de la nueva España nombre que había recibido el antiguo imperio Azteca.

Ismael había acabado magistralmente su improvisada conferencia de historia de México, ya había caído la noche, Don Gabriel al timón había sustituido a Mérida para dejar descansar a la muchacha, se hizo silencio, un silencio que suele provocar la tranquilidad del mar, todos habían quedado muy complacidos por la clase.

CAPÍTULO 26

CAMPECHE

De historia de México que Ismael les había dado, pero fue Mérida la que quiso premiar a Ismael con una pregunta.

- Cree usted Don Gabriel, que mi tía Laura o mi tía Leticia, que siempre han criticado a Ismael, sean capaces de darnos una clase de historia como la que acaba de dar Ismael - Don Gabriel miró a Mérida con una sonrisa y le preguntó él a la muchacha.
- Usted me está preguntando en serio o en broma.
- En serio, muy en serio - le respondió la muchacha.
- Señorita Mérida ni su tía Laura ni su tía Leticia saben el día que el Gran Almirante Cristóbal Colón descubrió Cuba - le respondió el administrador.

Nota de Interés Campeche, Ciudad de México, capital del estado de Campeche 148099 habitante, puesto de altura en la Bahía de Campeche, en el Golfo de México, con una Catedral Barroca Patrimonio de la Humanidad desde el año 1999,Campeche, fundada en 1540.

Tres días después de haber terminado de dar Ismael su improvisada conferencia; los buenos maestros no necesitan de un libro para dar una clase, ellos traen la historia en la cabeza, pues como les digo tres días después, desde el timón de la goleta Ismael daba el grito tan esperado por todo navegante.

- Tierra a la vista - todo el grupo fue junto al timón, que ocupó Gabriel para entrar en la Bahía de Campeche, ya dentro de ella, Don Gabriel le dio la orden a Ismael y a Francisco.
- Marino tiren el ancla, vamos a ir a tierra en el bote - ya con la goleta anclada en el centro de la Bahía, Don Gabriel volvió a tomar la palabra.
- Yo voy a bajar a tierra solo acompañada de Francisco, los demás me van a esperar aquí en la goleta, nadie sabe lo que vamos a encontrar aquí, recuerden que todo negocio de armas y de contrabando es muy peligroso - y agregó los traficantes de armas no son ángeles, son diablos.

Don Gabriel y Francisco abordaron la chalupa y remaron hacia un rústico muelle de madera, donde amarraron la embarcación y caminaron hacia un caserío de pescadores, la noche era muy oscura llenas de nubes que tapaban la poca luz de una luna de cuarto menguante, los dos hombres llegaron frente a una cabaña, donde Gabriel toco la puerta, y unos minutos después la puerta se abrió, y apareció frente a ellos Domingo Zapata, era domingo un hombre sobre 50 años de edad, delgado con la cara llena de arrugas que delataba su oficio el duro oficio de pescador, domingo traía un farol en su mano con el que alumbró a los recién llegados y dirigiéndose a Don Gabriel le dijo.

- Por fin llega Don Gabriel, lo he estado esperando Don Gabriel.
- Yo lo de amigo, pero en Cuba hemos tenido muchos problemas.
- Pero no se quedaron fuera de la cabaña, Don Gabriel y Francisco obedecieron a domingo y entraron en la cabaña donde por todo mobiliario había una hamaca, un viejo armario y 4 sillas y una mesa, ya dentro Don Gabriel dio comienzo a la charla.
- Hay un cambio de planes Don Domingo, esta vez no vengo ni por oro ni por plata - Don Domingo interrumpió a Don Gabriel.
- Entonces como te voy a pagar lo que me traes, tengo caballo, pero como te los vas a llevar.
- Don Domingo, esta vez lo que necesito es armas y pólvora - el viejo pescador se puso las manos en la cabeza y le dijo a Don Gabriel.
- Y como yo voy a conseguir eso amigo.
- Alguna forma debe de haber amigo - le contestó Don Gabriel - Don Domingo medito por unos minutos y después dijo
- Está bien, mañana voy a salir a ver que puedo hacer por complacerte - Después de decir esto le pregunto.
- Tu esclavo y tú van a dormir hoy aquí - Don Gabriel se apresuró a responder.
- No es mi esclavo, domingo es mi amigo, pero no voy a dormir, aquí voy a regresar a la goleta.
- ¿Está anclada donde mismo?
- Si en la Ensenada de los Cangrejos - le respondió Don Gabriel.
- Está bien cubano, ve a dormir y mañana yo voy a salir a ver que puedo hacer, no te prometo nada, pero voy a hablar con un cuate que puede que me consiga lo que tú quieres, pero te advierto no va a ser barato, de seguro va a ser bien caro - domingo ponía en práctica la estrategia de todo comerciante de poner bien difícil lo que el cliente le está pidiendo, pero en realidad domingo tenía

razón, en tiempo de guerra las armas son lo más caro y más difícil de conseguir.

- Mañana vuelve a verme a esta misma hora, para ver si te he podido resolver - le dijo domingo.

Gabriel y Francisco salieron de la cabaña y en una hora pegaban el bote a la goleta, tan pronto Don Gabriel y Francisco estuvieron en la cubierta de la goleta, vieron a su lado a Ismael, Mérida y Ramona.

- Que ha podido resolver Don Gabriel - le preguntó Mérida.
- Ya dejamos dicho lo que necesitamos, mañana vamos a ver, pero creo que sí, porque si no hubiera ninguna posibilidad mi amigo me hubiera dicho que no, pero como buen comerciante no quiso decir que sí, para después cobrar más.

Al siguiente día, como había acordado con Don Domingo, después de remar y atracar el chapín en el rústico muelle, Don Gabriel y Francisco llegaron al caer la noche a la cabaña de domingo, que ya los esperaba, pero era noche Don Domingo no estaba solo, con él había otro hombre un joven de unos 25 años de edad y con el mismo aspecto de pescador que tenía domingo, Gabriel y Francisco entraron en la cabaña y se sentaron a la mesa con un farol sobre ella, domingo no perdió tiempo.

- Tiene usted suerte Don Gabriel, este hombre que está aquí es el hombre que usted anda buscando - y le señaló con la mano al muchacho, que alargando la mano a modo de saludo les dijo.
- Ángel Romero para servir a usted y a Dios - domingo retomo la palabra.

- Mira cubano, yo, hable con Angelito de lo que ustedes quieren comprar, y él me dijo que les puede resolver las armas y la pólvora.
- Pues a lo que vinimos entonces - le dijo Don Gabriel.
- No, cubano no es tan fácil, las armas y la pólvora no están aquí.
- Y dónde están entonces - preguntó Don Gabriel, con la ansiedad reflejada en el rostro.
- Las armas y la pólvora que ustedes quieren comprar están en Belice, y hay que ir hasta allá para comprarlas.
-

Nota historia y geografía

Belice fue hasta el año de 1973 Honduras Británica, un estado de América Central en el mar Caribe, a partir de 1973 fue Belice con 23000 km² y 240 700 habitantes, su capital Belmopan, lengua oficial inglesa, aunque se hablan otras lenguas, moneda dólar beliceño.

Historia, habitada por los Mayas, en la segunda mitad del siglo XVI pertenecía al Virreinato de Nueva España, la corona española concedió licencia de establecimiento a colonias inglesas en 1713, la colonia fue reclamada por México después de su independencia, y por Guatemala después, que reconoció a Belice en 1991, Belice es miembro del Commonwealth, produce caña de azúcar, agrios y turismo.

- Y quien va a ir hasta allá con nosotros.
- Yo voy a ir con ustedes - le contestó Ángel Romero - y agregó - podemos ir lo mismo por tierra que por mar ustedes deciden.
- Y con qué vamos a negociar allí - volvió a preguntar Don Gabriel.
- Con unos contrabandistas.

- Contrabandistas de armas - le preguntó Don Gabriel.

- De armas, de esclavos, de todo - le respondió Ángel Romero.

- Cuando podemos salir para allá - le preguntó Don Gabriel a Ángel Romero.

- Ya les he dicho que salimos cuando ustedes decidan, claro, después que hablemos lo más importante para mí.

- Y qué es lo más importante para usted - le preguntó Francisco.

- El porciento que voy a ganar yo en este negocio - le contestó Ángel Romero.

- El 15 % de todo lo que se trate en oro - le dijo Don Gabriel.

- El 15 % para mí y un 5 % para Don Domingo, le respondió Ángel.

- Hecho el trato - le dijo Don Gabriel, Francisco tomando la palabra les dijo.

- Don Gabriel, no podemos perder tiempo y si podemos salir esta noche, pues esta noche salimos.

- Tú puedes ir hoy mismo con nosotros - le preguntó Don Gabriel a Ángel.

- Estamos ya en camino - le contestó el muchacho - los tres hombres se despidieron de Don Domingo y a media noche la goleta leva anclas y se hace a la mar rumbo a Belice, con un tiempo que pintaba bueno, ellos tenían apuro, pues sabían que Don Benito estaba apremiado por las armas y la pólvora, quien pueda disponer de un mapa comprenderá que por tierra la distancia es mucho más corta que por mar, pero es un camino muy peligroso entre selvas llenas de animales salvajes, como jaguares, serpientes y cocodrilos de hasta 15 pies de largo y tribus hostiles.

- De qué distancia estamos hablando por tierra - le preguntó Don Gabriel a Ángel - el muchacho no dudó y le respondió.

- De unos doscientos kilómetros más o menos.

- Si Don Gabriel es muy lejos y peligroso, le contestó Francisco.

- Me preocupa algo - dijo Ismael.
- Qué es lo que le preocupa amigo - le preguntó Ángel.
- Me preocupa saber cómo vamos a encontrar el lugar, y como vamos a hacer saber a los contrabandistas que estamos allí, y que el que llega es amigo y no autoridad española o inglesa, porque según me ha dicho usted, son gente que vive al margen de la ley y son contrabandistas de todo.
- Si son contrabandistas de todo, hasta de esclavos.
- Compran y venden esclavos - le preguntó Don Gabriel.
- No, señor, no los compran, los roban y después los venden al mejor postor.
- Entonces no son contrabandistas, son piratas, son gentes muy peligrosas - le comentó Francisco, Don Gabriel tomó la palabra.
- Si negro son gentes muy peligrosas, pero hasta el diablo tiene un amigo.
- Y usted los considera sus amigos - le preguntó Ismael, Ángel sonrió y le contestó.
- No de todos, pero sí de uno en particular, sí que es más que mi amigo es mi hermano.
- Pero un solo palo no hace monte - le dijo Francisco - Ángel tomó el mensaje y respondió.
- Pero ese palo es el capitán - se hizo silencio de meditación, porque lo mismo Gabriel, que Francisco, que Ismael sabían el peligro que se estaban exponiendo ellos y Mérida, al negociar con piratas, Don Gabriel volvió a preguntar.
- Y cómo van a saber de nuestra llegada.
- No se preocupe Don Gabriel, yo tengo mi contraseña.
- Qué contraseña es esa, le preguntó Ismael.

- Cuando estemos en la salida del río vamos a hacer tres disparos con la culebrina y al oír el sonido ellos salen en los cayucos, le contestó Ángel.
- Un solo cayuco - le dijo Don Gabriel.
- Sí, señor, un solo cayuco - le respondió Ángel.

La goleta navegó rumbo norte haciendo bordados a barlovento, bordearon la península de Yucatán, y en la punta de la península cambiaron el rumbo al sur para pasar al este de la isla de Cozumel y llegar a la salida del río Belice, la goleta llegó de noche y Don Gabriel dio la orden de tirar el ancla a una milla de la costa entre un grupo de pequeñas islas un lugar algo peligroso, Don Gabriel había dado la orden de estar muy alerta y a Ismael le había dado la misión de mantener bajo control a Ángel, porque en aquella situación Ángel era su más segura póliza, antes de amanecer el capitán le dio la orden a Ismael y a Francisco que lo siguieran a la bodega del barco con el fin de conferenciar con ellos, Ismael tomó la palabra.

- Don Gabriel no confió en esta gente.
- Yo tampoco - dijo Francisco.
- Por esa misma razón los he llamado aquí le contestó Don Gabriel, hay que hacer un plan y hay que estar muy alerta porque si esta gente es capaz de robarle a otros, no hay porque pensar que si tienen la oportunidad no nos van a robar a nosotros - Francisco tomó la palabra.
- Si Don Gabriel nos apresan, nos roban, nos matan y se quedan con la niña Mérida y la venden como esclava - lo dicho por Francisco hizo sentir miedo a Ismael, no miedo por él, sino por Mérida, nos preocupamos más por la que amamos que por nosotros mismos,

la idea de su amada violada por aquellos hombres lo aterrorizo y tomando la palabra dijo.

- Tenemos que hacer las cosas a nuestra manera y no a la de ellos - y agregó si no fuera porque Don Benito necesita las armas y la pólvora sería prudente leva anclas ahora mismo - se hizo silencio en lo que los tres hombres meditaban, al final de la meditación Don Gabriel tomando la palabra dijo.

- No nos vamos a dejar controlar por ellos, vamos a tirar los tres disparos de culebrina y cuando ellos lleguen en el cayuco vamos a poner en práctica un plan que tengo en mente, por lo pronto Francisco habla con Andrés, Miguel, Traquilino, Facundo, Ramona y Belén para que estén bien alertas.

- Y a la niña Mérida no le vamos a decir nada - preguntó Francisco.

- Por el momento no, no la quiero alarmar - le contestó Don Gabriel, y retomando la palabra les explico.

- Yo Ismael y Andrés vamos a bajar a tierra a negociar con el hermano de Ángel.

- Y él no va a bajar con usted, Don Gabriel - le preguntó Francisco.

- No negro, él se va a quedar aquí contigo, él va a ser la garantía de nosotros, para que al hermano no se le ocurra ninguna mala idea en contra de nosotros, mañana por la mañana tiramos los tres disparos de culebrina y esperamos que ellos vengan, si vemos salir de la boca del río más de una canoa, sacamos el ancla y nos vamos, si viene una sola canoa esperamos y cuando estén aquí yo le voy a explicar como vamos a hacer el negocio.

- Y si no aceptan su plan Don Gabriel - le preguntó Ismael - Don Gabriel no tuvo que pensar la respuesta.

- Pues en ese caso dejamos a Angelito aquí, sacamos el ancla y ponemos rumbo al Golfo de Honduras, yo conozco también gente allí y en la salida del río Mota gua, ahora por el momento apaguemos todas las luces y tengamos bajo vigilancia a Angelito.

- Y las armas listas - le dijo Francisco, Don Gabriel repartió las guardias y se fue a descansar, puso una colchoneta en el piso de la goleta delante del camarote de proa, la niña Mérida era su mayor responsabilidad y estaba dispuesto a dar la vida por ella, Ismael durmió a su lado.

- Amaneció con un mar en calma, la goleta se balanceaba entre las olas del mar Caribe, ya con todo el grupo en cubierta, Ángel se dirigió a Don Gabriel y le dijo.

- Es hora de tirar los cañonazos Don Gabriel - Don Gabriel ordeno, y Francisco disparó tres veces con la culebrina número 1 de estribor, Ángel sorprendido le preguntó.

- Tiene usted más de una culebrina a bordo.

- Tenemos 6 - le contestó Ismael - y como mandando un mensaje agregó - hay muchos piratas en estos mares y nosotros le tenemos una sorpresa a los que nos traten de robar diciendo esto, Ismael había sonado los tres disparos de culebrina, con todos con la tensión al máximo esperaron al mediodía cuando el sol está en el medio del señor, los tripulantes de la goleta vieron salir de la desembocadura del río una canoa que remaban hacia ellos, Ismael tomó el catalejo y les dijo.

- En la canoa vienen 4 hombres, 3 blancos y un negro - Gabriel le ordeno a Ismael.

- Dale el catalejo a Ángel, y que vea si su Hermano viene en la canoa - después de mirar por el catalejo, Ángel respondió.

- Si Don en la canoa viene mi hermano Eugenio, - la canoa se fue acercando poco a poco y por fin se pegó a la goleta y a ella subió el hermano de Ángel, Eugenio Romero, Eugenio era blanco, muy alto, de pelo largo y un gran bigote, tenía el aspecto de un pirata, los dos compañeros blancos de Eugenio tenían un aspecto muy parecido a él, el negro un gigante de ébano vestía solamente un pantalón a media pierna con machete al cinto.

- Ya con la canoa amarrada a la goleta, con la agilidad de los gatos, Eugenio y uno de sus compañeros brincaron sobre la cubierta, los tres blancos venían, armados con sables y pistolas, Eugenio fue al encuentro de su hermano, lo abrazó y le preguntó.

- Los caballeros vienen a vender o a comprar esclavos.

- A comprar armas y pólvora - Ismael dirigiéndose a Eugenio le preguntó.

- Tienen ustedes armas y pólvora para vendernos - Eugenio le respondió con otra pregunta.

- Y que tienen ustedes para pagar las armas y la pólvora - Don Gabriel tomó la palabra y le contestó.

- Tenemos ron de caña, tabaco, carne salada, oro y plata - el hombre que acompañó a Eugenio y que había subido con él al barco dirigiéndose a Don Gabriel, le preguntó.

- Y los esclavos no los venden.

- Ninguno es esclavo, todos son hombres libres que han ganado su libertad peleando, son parte de la tripulación - se hizo silencio que Don Gabriel se encargó de romper.

- Nosotros le podemos mostrar lo que vamos a pagar, pero también queremos ver lo que ustedes nos van a vender.

- Pero para eso van a tener que bajar a tierra con nosotros - Don Gabriel tomó la palabra.

- Pues entonces vamos y no perdamos más tiempo, bajaremos dos de mis amigos y yo, pero Ángel se queda en el barco en garantía - Eugenio se sonrió y le preguntó a Don Gabriel.

- Tienen desconfianza los cubanos.

- No es desconfianza, son nuestras reglas, así hacemos nosotros las cosas.
- Pues vamos - le dijo Eugenio y brinco a la canoa, Gabriel, Ismael, Andrés y el compañero de Eugenio hicieron lo mismo, el negro y el otro contrabandista comenzaron a remar y la canoa se fue separando de la goleta con rumbo a la desembocadura del río, en la goleta Francisco se dirigió a Facundo y a Traquilino y wn voz baja le dijo.
- No pierdan de vista a Ángel, después fue en busca de Mérida a su camarote y le dijo.
- Nina Mérida Don Gabriel me dijo que le pidiera a usted que lo sabe hacer, que moviera el bote unas millas más al norte, usted es la única que lo sabe hacer.

Ahora, mientras Mérida obedece la orden de Don Gabriel, vamos a ver cuál ha sido la suerte de Don Gabriel, Ismael y Andrés y a donde lo han llevado los piratas, la canoa tomo río adentro y unas millas llegó a un pequeño muelle junto a un batey de unos diez bohíos, amarraron junto a otras canoas, el batey era de chozas de madera con techo de guano.

Tan pronto la canoa atracó en el improvisado muelle, Ismael, Gabriel y Andrés se vieron rodeados por un grupo de hombres blancos, todos de temeroso aspecto, Eugenio se dirigió a Gabriel y le dijo.

- Sígame, Ismael miró a la puerta de una de las cabañas, y lo que vio lo dejó helado, porque junto a la puerta amarrada de pies y manos y con el rostro visiblemente golpeado estaba Sin ka, la hermosa mulata que él había conocido en el palenque de cimarrones de Jamaica, Ismael valoro la situación y le hizo un rápido guiño con un ojo, y si como si no la conociera siguió caminando detrás de Eugenio.

Una luz de esperanza puede lograr un cambio en el rostro de alguien que reciba esa luz, el rostro de Sin ka cambio, ella había visto el guiño de ojos de Ismael, y su rostro sucio y golpeado cambio. Gabriel seguido por Ismael y Andrés entraron en la choza y Eugenio le señaló a una esquina donde había recostado a la pared 20 mosquetes y dos pequeños toneles de pólvora y les dijo.

- Ay, está lo que ustedes vinieron a buscar.
- ¿Cuál es el precio? Le preguntó Ismael.
- 5 000 pesos en oro, 5 quintales de tabaco y 20 galones de ron de cana.
- Eso es mucho dinero - le respondió Don Gabriel.
- Pero ese es el precio amigo lo tomas o lo dejas, le respondió Eugenio.
- Está bien - le dijo Ismael, y agregó - quiero comprarte algo más.
- Que quieres comprar cubano - le preguntó Eugenio.
- Te compro la esclava que está amarrada afuera.
- Esa esclava no se vende, esa esclava la quiero para mí.
- Pero la has maltratado mucho - le dijo Ismael.
- Es muy rebelde, me mordió la mano, la estoy amasando a golpes para después hacerla mi amante - Don Gabriel comprendió que una palabra mal dicha, podía poner en riesgo el negocio y decidió intervenir.
- Bueno, lleven a la canoa los fusiles y los tanques de pólvora, yo me voy a quedar aquí, ve a la goleta y recoge tu oro, después a la

entrada del río, yo regreso a la goleta y tú te llevas a tu hermano Ángel.

- Eres muy desconfiado cubano - dijo Eugenio - si no fuera así, yo estuviera muerto - le contestó Don Gabriel.

- Está bien cubano que así sea, voy a preparar todo para mañana, yo salgo con las armas y contigo y tu gente, en la goleta hacemos el negocio, ya ves, yo soy más confiado que tú.

- Estoy de acuerdo con ese plan - le dijo Gabriel, Eugenio llevó a Don Gabriel, Ismael y Andrés a un bohío con tres hamacas y después se fue, ninguno de los tres pudieron dormir, en especial Ismael que no podía apartar de su mente la cara golpeada y sucia de Sin ka, al amanecer Eugenio volvió por ellos.

- Cubanos ya las canoas están cargadas - después de decir esto salió caminando, detrás de él Gabriel, Ismael y Andrés, los hombres de Eugenio esperaban en las canoas, al pasar junto a Sin ka, Ismael la miro y le hizo otro guiño de ojo, la muchacha comprendió que Ismael estaba dispuesto a ayudarla - todo se desarrolló como había sido planeado, las canoas llegaron junto a la goleta descargaron las armas, cobraron lo convenido y regresaron rumbo al río con el oro y con Ángel, ya junto al timón y ante Don Gabriel, Ismael se dirigió al capitán.

- Don Gabriel, con permiso de su merced, yo voy a regresar por Sin ka, no tiene honor que la dejemos allí en mano de esos crueles piratas.

- Sabes lo que vas a hacer, sabes que vas a arriesgar la vida.

- Si Don Gabriel, pero no voy a poder vivir en paz, si dejo a esa muchacha en manos de esa gente.

- Y ya sabes como le vas a hacer - le preguntó Don Gabriel, el muchacho tuvo que pensar, ya él había elaborado un plan.

- Voy a ir en bote a la costa, y por dentro de la selva voy a llegar al batey en la noche, la voy a liberar y voy a volver aquí con ella.

- Yo voy contigo - le dijo Andrés - y yo también dijo Francisco, sin perder un minuto los tres hombres abordaron la chalupa y remaron a la costa, desembarcaron y caminaron por dentro de la selva hasta llegar al caserío, desde la selva - vieron a Sin ka tirada en el suelo atada de pies y manos, Ismael, Andrés y Francisco venían armados hasta los dientes, con pistolas, dagas y machetes los tres hombres como felinos al ataque salieron de la maleza, llegaron junto a la muchacha y con una daga Ismael procedió a cortar las amarras de Sin ka, de pronto de dentro del bohío salieron Eugenio y Ángel, pero no tuvieron tiempo de nada Ismael con una certera puñalada en el corazón último a Eugenio y Francisco se hizo cargo de Ángel, no habían hecho ningún ruido, Ismael registro la ropa de Eugenio y encontró las monedas de oro que Gabriel le había pagado y mirando a sus compañeros les dijo.

- Este dinero es de Sin ka que ha sido tan maltratada, ladrón que roba a ladrón tiene 100 años de perdón, tomo a Sin ka de la mano y volvió con ella a la selva, Francisco y Andrés venían tras él caminaron aprisa y llegaron a la chalupa las abordaron y remaron aprisa rumbo a la goleta, donde los esperaban sus compañeros, Don Gabriel y los negros con cara de alegría y Mérida con cara de disgusto, algo totalmente normal, tomando en cuenta la naturaleza humana, Francisco dijo al oido de Andrés y en muy baja voz, unas proféticas y reales palabras.

CAPÍTULO 27

EL RESCATE

- Hijo de gato caza ratón - después de lo hecho por Ismael quedaba comprobado que la historia no cambia, solo se repite, si tu destino es ser sultán, tendrás tu sultana y su concubina favorita - Don Gabriel ordenó a Facundo y a Traquilino.
- Negros leven ancla, después le dijo a Ramona - hospeda a esta muchacha junto a ti, te hago responsable de ella, aséala y cúrale las heridas, dale agua y comida.

La goleta partió rumbo norte a toda vela, había conseguido las armas y habían hecho una misión de humanidad, es muy real que Dios ayuda a los audaces.

Como era de esperar, tan pronto estuvieron solos, Mérida le pidió una explicación a Ismael, y este le explicó con amor y con la alegría de sentirse ya celado por la mujer amada.

- Esta muchacha fue esclava como lo fui yo, recuerda que con ella hicimos negocio en Jamaica, es la hija del jefe de los cimarrones que conocimos allá, estos piratas la habían secuestrado y como tú puedes ver la estaban maltratando - Mérida interrumpió a Ismael y le dijo.
- Y tú de héroe la fuisteis a rescatar.
- No solo fui yo, fuimos tres, Francisco y Andrés también fueron.
- Y qué vas a hacer ahora con ella, la vas a entregar a sus dueños o la vas a vender.
- La voy a llevar a Cuba con nosotros para que gane la libertad peleando contra los ingleses.
- Y cuando los ingleses se hayan ido de Cuba, que ella sea libre, pero sola y sin nadie que la proteja.
- No sé, es joven y muy bonita, siempre habrá alguien que se case con ella - le contesto Ismael, Mérida se fue a dormir, la vida siguió su curso y la goleta navegando rumbo norte, todos en la goleta estaban felices con la presencia de Sin ka, como era de esperar todos menos Mérida, las mujeres tienen un sentido especial para detectar el peligro de una rival, pero como Ismael no tenía ojos más que para Mérida, Sin ka no tenía ojos más que para Ismael.
- Tenemos que separarnos lo más pronto posible de las costas de Belice - le dijo Don Gabriel a Ismael - tiene usted temor que los piratas nos persigan - le preguntó - Ismael.
- Claro, recuerden que nos llevamos su oro y una de sus esclavas.
- Con las canoas no nos pueden alcanzar - le contestó Ismael.
- Con las canoas no, pero con un galeón puede que sí.
- Y cree usted que ellos tengan alguno - le preguntó Ismael, el capitán se sonrió y le respondió.
- Claro que lo tiene o usted cree que ellos fueron en canoa a Jamaica - Ismael también sonrió y dijo.

- Yo no creo que halla en el Caribe una nave más rápida que su goleta Don Gabriel.

- Yo tampoco lo creo, pero de todas maneras hay que estar muy alertas, podemos tropezar con un buque de guerra inglés - le contestó Don Gabriel.

- Y si eso llegara a suceder que vamos a hacer - le preguntó Ismael, sabiendo de antemano lo que Don Gabriel le respondería.

- Primero tratar de escapar, y si no podemos pelear con ella, tratar de hundir su embarcación.

- Y usted cree eso posible - le preguntó Ismael.

- Si lo podemos sorprender y le podemos pegar con las culebrinas bajo la línea de flotación de seguro los echamos a pique, para poderlos sorprender llevamos bandera inglesa - le contestó Don Gabriel - Ismael medito por un momento y después dijo.

- Tiene muy buen plan capitán, seis disparos de culebrina bajo la línea de flotación hunden cualquier barco, pero ojalá que no tengamos que pelear, porque ellos traen también cánones y más potentes que los nuestros - Don Gabriel con el timón en las manos se llenó de aire los pulmones, y como estaba muy contento, puesto que hasta el momento todo le había salido muy bien, entonó su canción.

Con dos cañones por banda
Viento en popa y a toda vela
No corta el mar, sino vuela
Un velero bergantín

La goleta puso rumbo noroeste 45 grados en el compás, directo a Cayo Largo, el clima le fue favorable, y después de dejar las costas de

Belice, Don Gabriel le entrega el timón a Ismael y Francisco se situó junto a él y le dijo.

- Tu heroica acción nos ha gustado a todos menos a tu novia.
- Era de esperar negro, yo la comprendo, pero no hubiera sido humano ni moral dejar a Sin ka en manos de esos desarmados, el amor es un sentimiento muy fuerte, pero el sentido del deber lo es mucho más - le contesto Ismael a su amigo.
- Eso está muy bien, pero que vas a hacer ahora con Sin ka, ella no tiene familia en Cuba, yo me pregunto donde va a vivir, le preguntó Francisco, Ismael no tuvo que pensar la respuesta porque ya lo tenía en mente desde el momento que se decidió a ir por ella, Ismael bien sabía que su acción tendría una reacción inmediata por parte de Mérida que se había encerrado en su camarote con una gran pereta de mujer celosa.
- La voy a mandar con mi madre y con mi abuelo a la hacienda de mi amo Don Felipe.
- Y tú crees que Don Felipe la acepte allí como una esclava más - más tardó Francisco en decir que Ismael en responder - como una esclava más, no Francisco, ella ya no es esclava, ella es libre.
- Y quien la emancipo - le preguntó Francisco, de nuevo Ismael no tardó en responder.
- La emancipe yo cuando mate a su verdugo que fue su último amo - Francisco reflexiono y le dijo a Ismael.
- El que dijo que la historia no cambia, se repite, era sabio.
- Y porque dices eso negro - le pregunto Ismael.
- Porque si niño los hombres no cambian solo cambia el tiempo y el espacio.

Ya habían navegado por tres días, debían estar al sur de Isla de Pinos, el sol desaparecía por el occidente como un disco rojo, Ismael oteaba el horizonte con el catalejo junto a Don Gabriel que sostenía el timón, el muchacho dirigiéndose a él le dijo.

- Capitán, tenemos tres fragatas inglesas a la vista, una en popa, otra en estribor y otra en babor, va a caer la noche, voy a apagar el fanal de popa para que al caer la noche no nos vean.
- No, Ismael, de seguro ya nos han visto, pero los vamos a engañar con el mismo fanal que tú quieres apagar, tenemos al este de Pino delante y no más de 15 kilómetros, hay que actuar con suma inteligencia.

CAPITULO 28

EL ENGAÑO DEL FAROL

- Y que pretende hacer usted capitán.
- Trae ante mí a Francisco, Andrés, Facundo y Miguel - ya con los negros frente al Gabriel les dijo.
- Francisco, tú recuerdas la finca que tiene tu amo en la Isla de Pinos.
- Si Don Gabriel, la finca que administra Don Pablo, el liberto.
- Si negro esa misma, tú has estado allí - le pregunto Don Gabriel a Francisco.
- Si Don Gabriel he estado allí varias veces.
- Sabes donde está - le volvió a preguntar el administrador.
- Si Don Gabriel está al norte de la Isla frente a Batabanó - Don Gabriel dirigiéndose a Francisco le dijo.
- Tú, Andrés, Facundo y Miguel van a abordar la chalupa, van a poner en la popa el fanal de la goleta y van a remar al norte y van a llegar a la Isla, allí van a dejar la chalupa en la costa dejando encendido el fanal, después caminando van a llegar a la finca y van a esperar allí.

- Los ingleses van a ir tras la luz del fanal, mientras que nosotros escapamos oscuros - le dijo Ismael a Don Gabriel.
- Si Ismael, como tú has dicho, nosotros vamos a escapar a oscuras.
- Más vale maña que fuerza - le comentó el muchacho al capitán.

De acuerdo por lo ordenado por Don Gabriel, los 4 negros bajaron a la chalupa y remando en ella con el fanal encendido en la popa de la embarcación, se fueron alejando de la goleta en la oscuridad de la noche.

Don Gabriel, poniendo rumbo al oeste, bordeo el sur de la isla hasta Cabo Francés, atravesó la Bahía Jiguaní y desde allí puso rumbo al norte, pasando entre Cayo de Indios y la Isla de Pinos, siguiendo ese rumbo llegó a la ensenada de Mama Ana, y de esa cayería llego al surgidero de Batabano.

La chalupa con los 4 negros remando con la fuerza que lo hace todo el que escapa de la muerte, también logro su objetivo, y ya en tierra los negros atravesaron a pie la siquenia y dos días después tocaban en la puerta de la casa de Pablo el liberto, el liberto no tuvo dificultad de reconocer al negro Francisco y le dio a la recién llegada agua, y sobre todo comida, porque los pobres negros llevaban dos días sin poder probar alimentos, la estrategia de Don Gabriel los había hecho pasar hambre, sed, los había hecho remar y caminar, pero le había salvado la vida, días después en un pequeño velero con el que el liberto Pablo se comunicaba con Cuba, fueron llevados Francisco, Andrés, Miguel y Facundo a Batabano, donde les esperaba la tripulación de la goleta, Mérida con los celos que aunque sentía los tenía que guardar, Sin ka con la alegría de ser libre y de estar junto a Ismael, Don Gabriel con el orgullo de haber logrado su propósito de traer las armas, la pólvora que Don Benito necesitaba e Ismael con la alegría y.

CAPÍTULO 29

OFENSIVA Y CONTRAOFENSIVA

Orgullo y sobre todo apuro de mandar a Sin ka con su madre a la hacienda de su padre, para no tener problemas con Mérida, la batalla contra los ingleses podría durar un día, un mes o un año, pero a la larga ellos se tendrían que ir de la Habana, porque a pesar de la prosperidad económica que ellos habían traído, en la Ciudad de la Habana, en la Ciudad de San Cristóbal de la Habana una ciudad que como diría un gran poeta.

Llueve en el puerto
Y tose el cañonazo de las nueve
Esta ciudad de corazón abierto
No es triste ni siquiera cuando llueve

Jose Ángel Bueno

Nadie los quería, no había afinidad de raza, ni de religión, ni de costumbres, algún día la guerra terminará y los ingleses se tendrían que ir, solo dejando el legado del cañonazo de las nueve de la noche, la guerra que si no tendría fin sería la guerra entre Mérida y Sin ka, porque a pesar de lo enamorado que estaba Ismael de Mérida a Sin ka lo atraía Ismael y ya lo dice la poesía, que no está libre de faltar quien no está de tentaciones, en fin que Ismael había liberado a la bella Sin ka, pero se había condenado él.

Ahora dejemos a Ismael con Mérida y Sin ka en la eterna lucha del amor y vamos a ver como le ha ido a la guerrilla de Don Benito Moreno después de internarse en la Ciénaga de Zapata y armar campamento, y saber por medio de una paloma mensajera la noticia de la salida de la Habana de una columna del ejército inglés que venía tra de él y su grupo, para tratar de vengar su derrota sufrida en el río Bacunayagua.

Don Benito había decidido la zona pantanosa de la Ciénaga porque él sabía como buen militar, capitán de milicia, que la caballería no podía maniobrar bien en una zona pantanosa y donde además se atascaron las ruedas de los cánones, la Ciénaga de Zapata una zona muy a propósito para realizar emboscadas la selva siempre ha sido muy buena aliada de la guerrilla.

Don Benito hizo contacto con los hermanos Zapatas, los criollos que él había salvado de la muerte con la emboscada que le había echado agua ardiente en los genitales.

Al conde de Albermales y al almirante Por Colche, la guerrilla de Don Benito Moreno, formado por 4 hombres blancos y 6 negros, no tuvo dificultad para contar con la ayuda de los hermanos Zapata y fabricaron 3 bohíos en el medio de la Ciénaga.

El plan de Don Benito era de esperar el refuerzo de hombres y de armas para salir a combatir al invasor inglés.

Por medio del informe de colaboradores, Don Benito Moreno supo que el contingente inglés que lo perseguía había acampado fuera de la Ciénaga.

El plan de los criollos era aniquilar a la columna inglesa antes que ella pudiera regresar a la Habana y tomar de botín de guerra la batería de cañones que traían los ingleses.

Don Benito se estaba preparando para hacer un a guerra larga, porque Inglaterra había sonado a controlar a Cuba, como la llave del Golfo de México y la isla más grande del mar Caribe, pero hasta el momento solo habían tenido control sobre franja de costa norte entre el oeste de la ciudad en el puerto del Mariel y al este en la Bahía de Matanzas, y fuera de la ciudad solo bajo el ataque de las guerrillas de los criollos, todo lo demás era controlado por la corona española, porque como yo les he dicho el repudio al invasor inglés fue total y España tomó la precaución de trasladar la capital de la isla a la zona oriental de la isla de la Ciudad de Santiago de Cuba.

Es importante destacar que aparte de los asuntos de raza, religión y costumbres, el gobierno inglés introdujo el comercio libre y la libertad siempre es bueno.

En un solo año entraron en la Bahía de la Habana más de 900 barcos, a razón de tres barcos por día, el comercio de todos los productos, en especial el tabaco y el azúcar, tuvieron un gran incremento de una manera u otra, los ingleses habían dejado fuera del negocio a la repudiada Real Compañía de Comercio.

Esa postura de los cubanos dejaba ver sin lugar a duda que para los cubanos el sentido del patriotismo es más importante que el dinero.

FIN DEL PRIMER LIBRO DE ISMAEL

1 de enero de 2019

Mi único amor ha sido la patria Mi única ambición, su libertad

Simón Bolívar.

NOTE